하늘에서 온 글,
한글

훈민정음의 글자 짓기에 따른 새 한글 지도안

하늘에 새운 글, 한글

박규현 외
지음

수신제

언어 교육 혁신의 새로운 장을 열며

언어는 의식 형성의 기초입니다. 따라서 언어 수준 그 자체가 문화 수준을 결정하는 토대임은 말할 것도 없습니다. 말은 감성을 키우고 글은 이성을 북돋웁니다. 이 둘의 조화는 도덕성과 사회성의 기초가 되어 공동체의 건강한 소통을 가능하게 합니다. 그러므로 말과 글의 수준은 한 사회의 가치관과 합리성 정도를 결정하는 척도가 됩니다. 너무나 당연한 명제임에도 불구하고 우리 모국어의 교육과 이해는 일천한 상황입니다.

우리는 세계 최고의 문자를 사용하고 있습니다. 한글은 인류 모든 문자의 꿈인 소리-기호-의미의 삼위 일체 연결을 극대화한 위대한 문화 유산입니다. 이런 우수한 문자를 모국어로 사용하고 있지만 정작 우리는 한글이 가진 문화적 잠재력을 의식하지 못하고, 따라서 그 위력의 몇 분의 일도 활용하지 못하고 있습니다. 한글은 통념처럼 표음어일 뿐 아니라 표의성을 겸하고 있습니다. 훈민정음 해례본을 지은 집현전 학자들을 대표해 후서를 남긴 정인지의 글에 이 같은 뜻이 분명히 선언되어 있습니다.

有天地自然之聲 則必有天地自然之文. 所以古人因聲制字 以通萬物之情 以載三才之道 而後世不能易也.

유천지자연지성 즉필유천지자연지문. 소이고인인성제자 이통만물지정 이재삼재지도 이

후세불능역야.

(천지 자연의 소리가 있다면 곧 반드시 천지 자연의 무늬(문자)가 있다. 그러므로 옛사람이 소리에 따

라서 글자를 만들어, 만물의 뜻을 통하게 하고 삼재의 도리를 실었으므로 후세 사람이 능히 바꾸지 못

한다.)

소리, 형태, 만물의 뜻을 연결해서 문자를 만들었다고 합니다. 그리고 그 만든 원리는 성리

학적 세계관을 뜻하는 '삼재지도'의 원리인데, 이것이 보편성이 있으므로 임의로 바꿀 수 있

는 성질의 것이 아니며 엄밀한 법칙성이 있다고 말하고 있습니다. '삼재지도'는 직접적으로

는 '천지인'을 뜻하는 것이지만 태극-음양-삼재-사상-오행이 모두 연결되어 성리학의 세계

관을 구성하므로 그 사상 전체를 상징하는 언명으로 보아야 합니다.

한글은 문자 진화사에서 최종 형태로 여겨지는 '자질문자'에 해당하는 유일한 문자입니

다. 표의, 표음성을 동시에 갖는 것은 물론이고 표현할 수 있는 음가의 다양성 역시 모든 문

자 중 압도적인 최고 자리를 차지하고 있습니다. 이토록 우수한 문자인 한글을 사용하면서도

우리는 그 혜택을 제대로 받고 있지 못합니다.

우선, 한글이 가진 문자로서의 가치와 성질을 국민적 교양으로 공유하고 있지 못합니다.

간단히 말해 훈민정음 해례본이라는 제자 원리를 밝힌 문서가 있지만 교육에서 이 제자 원리

를 가르치고 배우는 장이 없습니다. 그 결과, 한글이 한문과 대립적일 수 없는데도 불구하고

'한글전용' = '토박이말 전용'인 것처럼 오해되어, 국어의 한 부분을 이루고 동양사에서 여러

나라가 공유하는 '보편 문자'로 기능해 온 한문을 배척함으로써 문자 교양의 한 축이 무너지

고 말았습니다. 많은 개념어가 한자로 이루어져 있지만 오늘날 우리는 '한자 문맹' 세대가 되

었습니다. 수천 년간 우리 말글 속에 자연히 수용되어 이미 '국어'가 되어 버린 한자를 인위

적으로 배제함으로써 우리는 조상의 기록물을 읽을 수 없는 세대가 된 것은 말할 것도 없고 일상에서, 학술의 장에서 가장 많이 통용되는 기초 개념들에 대해 의미 합의가 현저히 떨어지고 말았습니다. 오랜 토론 끝에 '내 말 뜻은 그게 아니고~.'를 남발할 수밖에 없는 현실은 이 상황의 결과입니다. 개념의 정확한 이해와 합의 없이는 이것을 기초로 이루어지는 논리, 추론, 판단이라는 이성적 의식 과정들이 모두 장애를 겪게 됩니다. 소리 나는 대로 문자화할 수 있는 기능은 말할 것도 없고 애초 한자의 발음을 통일하는 기능을 겸하는 한글의 성격이 무용지물 취급이 된 셈입니다.

또 해례본에는 음소 하나하나가 가지는 자연의 기운, 인간의 체험에서 오는 감성, 소리, 의미 형성 과정들을 연결하는 원리를 밝히고 있지만 그 교육이 미비하여 오늘날 우리는 어원이나 어근을 합리적으로 따질 기준을 갖지 못하고 모든 낱말을 낱자로 외우는 형편입니다. 말글을 암기를 통한 습관으로 습득하는 것은 언어가 주는 세계 인식, 의식 형성의 폭과 깊이를 심각하게 훼손합니다. 최고의 문자를 그 가치에 맞게 살려 내지 못하고 있는 것입니다.

인공 지능이 등장하고 4차 산업 혁명이 거론되고 '지능의 시대'가 저문다고 얘기되는 지금, 지난 세기 한국 사회 발전 전략이었던 철저한 선진 문화 모방이 더 이상 통할 수 없고 진정한 사고력, 창의력이 절실히 요청된다고 이구동성으로 얘기합니다. 그러나 고도의 의식은 언어에 대한 깊은 이해와 발전 없이는 불가능합니다. 그리고 그 언어의 발전 여부는 말과 글을 연결하는 첫 학습의 장에서 어떤 과정으로 이루어지는가에 크게 달려 있습니다. 그동안 우리 언어 교육은 음절 조합과 발음의 기능만 가르쳐 왔을 뿐 언어가 체험, 감성과 연결되는 과정을 느끼도록 해 오지 못했습니다. 그것은 역사의 굴절에 의해 우리 스스로 조상들의 전통문화가 남긴 유산을 제대로 계승하지 못한 결과입니다.

이 책에서는 새로운 언어 교육의 이정표를 제시하고자 합니다. 훈민정음이 밝히고 있는 제자 원리를 충실히 이해, 활용하고 방법상 아동의 첫 문자 습득 시기에 반드시 따라야 할 감성적 교육 방식들을 결합하여 언어의 습득이 의식의 발달로 직결될 수 있는 교육 모델을 제안하려 합니다. 책의 1부는 훈민정음의 제자 원리를 설명합니다. 그리고 제자 원리를 알았을 때 일어날 폭넓은 개념 이해의 실제를 제시하고자 합니다. 2부에서는 1부에 기초해 교육 현장에서 실천할 수 있는 수업 지도안을 제시합니다. 이 지도안은 학교 현장의 여러 교사분들이 수년간 실천해 온 수업 과정을 바탕으로 만들어졌습니다. 탁상공론이 아니라 현장에서 검증된 방법들로, 현실적으로 가능한 수업 방식을 제시하고 있습니다.

이 책은 언어 교육 혁신의 새로운 장을 열려 하는 첫발입니다. 그런 만큼 의미도 크지만 더 완성되고 발전하기까지 많은 과제를 안고 있는 책이기도 합니다. 그 과제는 한두 사람이 아니라 우리 사회 전체가 모국어에 대한 진심 어린 애정을 가지고 함께 공론의 장에서 힘을 모아야 이루어질 것입니다. 이 책 역시 보다 많은 분들의 참여와 집단 지성의 힘으로 늘 새롭게 보완되고 진화해 가야 할 것입니다.

이 책은 교육 현장 곳곳에서 숨은 땀을 흘린 여러 선생님들의 헌신의 산물입니다. 또 책이 나오기까지 우리 교육의 혁신에 힘을 보태어 주신 많은 분들의 진심 어린 성원의 결실이기도 합니다. 책이 나오기까지 도움을 주신 모든 분들에게 이 자리를 빌려 더할 수 없이 고마운 마음을 전합니다. 혁신 학교의 한글 교육을 이끌어 오시며 책의 방향에 조언을 아끼지 않은 김정일, 이창순, 김현숙 선생님, 이 책의 내용을 앞서 공유하고 알리는 장을 만들어 주신 한국 발도르프협동조합의 조합원분들, 이 책의 내용을 많은 선생님들과 공유할 장을 만들어 주신 충남교육청, 천안교육청, 남원교육청, 묵묵히 이 책에 담긴 내용을 함께 공부하고 지금도 실천하고 발전시켜 나가고 계신 여러 선생님들. 모두 고맙습니다. 교육이 세상을 밝힐 수 있다고 믿는 모든 분들에게 이 책이 실천적 활력과 영감을 줄 수 있기를 기도합니다.

인류 문화의 도약점, 한글

정신과 의사는 진단을 위하여 세 가지 필수적인 요소를 살피는 법을 배웁니다. '행동, 감정, 사고' 가 그것입니다. 행동은 눈에 보이는 것이므로 살피기에 어려움이 없습니다. 감정 역시 비언어적인 제스처나 표정을 통해 비교적 쉽게 알 수 있지요. 그렇다면 '사고' 는 어떻게 파악할 수 있을까요? 사고를 파악하는 유일한 방법은 '언어' 를 관찰하는 것입니다.(예술 활동도 상징적 기호화를 통한다는 점에서 일종의 언어입니다.) 그런 점에서 정신과에서 '사고' 는 '언어' 와 동일한 의미입이다.

그런데 사고, 즉 언어는 인간을 다른 생명체와 구분하는 가장 큰 특징이며 스스로를 '만물의 영장' 이라고 부르는 근거이기도 합니다.(호모 사피엔스라는 말 자체가 '사고하는' 사람이라는 뜻입니다.) 인류에게 사고할 수 있는 능력의 시작점은 언어가 발생한 시작점을 의미하며, 이른바 인류가 이룩한 '문화' 란 그 발전 과정의 반영물입니다.

사고의 발달 과정이 언어의 발달 과정에 다름없듯이 말의 발달은 문자의 발달과 흐름을 같이합니다. 섬세한 사고는 섬세한 말로써만 표현이 가능하며 섬세한 말은 섬세한 문자에 의해서만 표현될 수 있습니다. 뭉툭한 매직펜으로 정밀한 그림을 그릴 수 없는 것과 같은 이치입니다. 정밀화를 그리려는 사람은 어떻게든 섬세한 도구를 찾을 수밖에 없습니다.

외국어를 배워 본 사람이라면 누구라도 우리말이 갖고 있는 섬세함을 새삼 깨닫게 됩니다. 영어로는 blue 라는 한 단어로 표현할 수밖에 없을 것을 우리말은 수십 가지로 나누어 표현할 수 있기 때문이지요. 그러한 점에서 우리 민족이 '한글' 이라는 섬세한 문자를 갖게 된 것은 역사적 우연이나 세종대왕 개인의 천재성을 넘어선 필연적인 결과라고 할 수 있습니다.

한글을 배워 본 사람이라면 누구라도 한글이 과학적인 문자라는 것에 이견을 달 수 없을 것입니다. 그러나 한편으로는 알쏭달쏭한 것이 한두 가지가 아닙니다. ㄱㄴㄷㄹ로 이어지는 자음의 순서는 대체 어떻게 정해진 것인지, 왜 '기윽' 이 아니라 '기역' 이라 부르는지, 그럼 왜 '키역'이라고 부르지 않고 '키읔' 이라고 부르는지, ㅿ, ㆁ, ㆆ, ㆍ 와 같은 글자들은 어떤 연유로 사라졌으며 과연 현시대에서는 필요하지 않은 글자들인지, 글자 모양이 발음 기관 모양을 본떴다고 하는데 ㅏㅑㅓㅕ 모양이 어디서 튀어 나왔는지는 해부학을 공부한 사람 입장에서도 당최 그림이 그려지질 않습니다.

이 책의 저자 박규현 선생님은 누구나 한 번쯤 떠올렸을 법한 의문들을 묻어 두지 않고 집요하게 탐구해 나간 학자입니다. 그리고 그는 각종 논문의 섭렵에도 풀리지 않던 의문들의 답을 결국 한글의 진짜 매뉴얼이라고 할 수 있는 훈민정음 해례본 속에서 찾아냅니다.

그가 해례본 속에서 찾아낸 한글의 참모습은 단순히 과학적(sciential) 문자를 뛰어넘는 메타사이언스적(metascientifical)인 문자라고 할 수 있습니다. 이를 비유해서 설명하자면 세종대왕은 후세를 위하여 인공 지능 슈퍼컴퓨터를 마련해 주었는데 우리는 이제껏 그것을 주판으로도 가능한 사칙 연산을 하는 용도로만 사용해 온 셈입니다. 물론 주판도 상당히 과학적인 기구임에는 틀림없으나 슈퍼컴퓨터와는 비할 바가 전혀 아닙니다.

이러한 한글의 무궁무진한 잠재력이 그동안 묻혀 있었다는 것은 안타까운 일이지만, 한편으로는 지금이라도 그것을 발견했다는 사실은 대단히 고무적인 일이라는 생각이 듭니다. 한글이라는 유례없는 문자가 지닌 정교함을 제대로 익혀 활용한다면 그것은 곧 유례없이 정교한 사고를 가능케 하며 그것은 곧바로 문화의 발전으로 이어질 수 있기 때문입니다.(물론 이 책은 처음으로 한글을 배우는 어린이를 가르치기 위한 교재이므로 앞서 얘기한 '한글의 참다운 의미'를 모두 담기에는 한계가 있습니다. 이 책을 필두로 한 성인용 한글 교육서의 출간을 기대하는 이유입니다.)

아인슈타인의 상대성 이론을 표현하는 공식 'E=mc²'을 외워 쓰는 것은 어린아이라도 할 수 있는 일이지요. 그리고 주어진 숫자를 공식에 대입하여 답을 구하는 것 역시 중학교 수준의 수학 실력만 있으면 할 수 있습니다. 그러나 그것이 가능하다고 해서 상대성 이론을 이해하고 있다고 할 수 없으며 원자력을 만들 능력이 있는 것은 더더욱 아닙니다. 공식에서 E라는 글자가 의미하는 바는 에너지이고 m은 질량이며 c는 빛의 속도라는 것을 모르는 한 말이지요. 마찬가지로 우리가 '나'라는 단어의 의미를 진정으로 이해하기 위해서는 'ㄴ'과 'ㅏ'가 의미하는 바를 알아야만 합니다. 그리고 '너'라는 단어가 '나'라는 단어와 구별되는 철학적 의미를 제대로 짚어 내기 위해서는 'ㅏ'와 'ㅓ'가 지닌 의미의 차이를 이해하여야만 합니다. 그것을 모르는 상태에서 '통글자'로 익힌 단어를 사용하는 것은 공식의 의미를 이해하지 못한 상태에서 단순 계산만 하는 것과 다름없습니다. 단순히 의사소통을 하는 데 쓸 수는 있겠지만 그것을 이용한 무궁한 사고의 확장을 기대할 수는 없다는 뜻입니다. 그러나 단순한 수학 공식이 담고 있는 진정한 의미를 이해하는 순간 그 사람은 원자력 발전소를 만들 수 있는 잠재력을 갖추게 됩니다. 그러한 의미에서 이 책의 출간은 단순히 한글 이용자들만의 경사를 넘어선 인류 문화의 도약점을 시사합니다.

김학철(양평자유발도르프학교 의사, 정신건강의학과 전문의, 『스스로 마음을 지키는 아이』 저자)

박규현 선생님과 처음 훈민정음 공부를 시작하면서 음양오행에 따른 생김새로 만들어진 닿소리와 홀소리가 만나 글자와 소리가 만들어지고, 그 뜻이 풀이되는 파자의 경험은 너무 신선한 충격이었습니다. 새로 접하는 모든 것에 이름을 붙일 수 있는 원리가 있다는 것이 새로운 세상을 만난 것 같았습니다. 처음 한글을 만나는 아이들이 이런 원리를 당연한 것으로 여기며 그림과 노래, 몸짓으로 글자를 익힐 수 있는 교육 과정을 만들고 계시다는 소식을 듣고 학수고대하며 기다리던 끝에 드디어 그 종합 선물 세트 같은 책이 출간된다는 기쁜 소식을 들었습니다. 어려운 훈민정음을 이렇게 쉽게 풀이해 주신 박규현 선생님, 그것을 현장에서 활용할 수 있게 함께 연구해 주신 여러 선생님들께 깊은 감사와 축하의 인사를 전합니다.

김현주 (경기도 광주시 탄벌초등학교 교사)

차례

·2부· 한글 수업 이렇게 해 보세요

한글 제자 원리에 따른
문자 교육의 의의와 방향

1

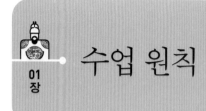

수업 원칙

발달 단계에 따른 수업

모든 교육 과정에서 가장 중요하게 지켜져야 할 원칙은 발달 단계에 맞는 수업이 이루어져야 한다는 것입니다. 불행하게도 우리 교육 전반의 가장 큰 문제가 바로 이 원칙을 거스르는 조기 교육에 대한 집착이 널리 퍼져 있다는 것이기도 합니다. 입시 위주의 무한 경쟁을 부추기는 문화가 만든 병폐인데, 그 결과는 학업 성취의 비효율성이란 문제를 떠나 OECD 국가 중 문해력이 꼴찌 수준이라든가 경쟁에 지쳐 낮은 자존감을 가지고 세상에 대한 냉소와 조롱이 내면화된 세대가 자라나는 현상 등으로도 나타납니다. 교육에서 가장 중요한 인성 교육이 방치되는 것은 말할 것도 없고 사고력, 창의력 형성에도 모두 장애를 일으키는 주범이 바로 발달 단계를 무시한 조기 교육, 선행 학습입니다.

유명한 매슬로의 욕구 발달 5단계 외에도 수많은 발달론이 널리 알려져 있습니다. 100년 역사를 가진 세계적 교육 운동인 발도르프 교육에서는 다음과 같은 발달론을 제시하고 있고, 심리학과 철학의 여러 대가들도 용어와 개념에는 약간씩 차이가 있지만 큰 흐름은 동일한 다양한 발달론을 제시하고 있습니다.

〈발도르프 교육과 현대 철학/심리학의 다양한 발달 단계〉

3지성	3작용	3상태	존재9	존재7	의지7	12감각	고차1	별	지지	고차2
영(외부) 사지-영적 활동	사고(반감)	깸	영인(변형물질)	영인	결심	자아 감각	통합	양	묘	고차영
						사고 감각	그리스도	황소	진	
			생명령(변형에테르)	생명령	의도	언어 감각	대천사	쌍둥이	사	
			영적 자아(변형아스트랄)	의식혼(+영적자아)	소망	청각	천사	게	오	
혼(관계) 몸통-감흥	감성	꿈	의식혼		동기	열감각	아스트랄	사자	미	혼
			오성혼	오성혼		시각	감각혼	처녀	신	
			감각혼	감각혼(+아스트랄)		미각	오성혼	물고기	인	
						후각	의식혼	물병	축	
몸(내부) 머리-물질화	의지(동감)	잠	아스트랄	아스트랄	욕망	균형 감각	영아	염소	자	영
						운동 감각	생명력	사수	해	
			에테르	에테르	충동	생명 감각	영인	전갈	술	
			물질	물질	본능	촉각	근원	천칭	유	

〈몇몇 주요한 발달 라인〉

층 수준	매슬로(욕구)	겝서(세계관)	피아제/오로빈도(인지)	그레이브스(밈: Spiral Dynamic)	웨이드(가치관)	뢰빙거(자아 정체성)
3층 수준	자아 초월		슈퍼 마인드			자아 초월적
			오버 마인드			(큰 자아 자각)
			메타 마인드(직관적인 마음)			
			파라 마인드(조명된 마음)			
2층 수준	자아-실현	통합적	높은 비전-논리(통합/총체적 마음)	전체적 세계관(청록, 통합)	시스템적	구성적 자각
			낮은 비전-논리(패러다임적 대응)	유연한 흐름(옐로, 전일적)		자율적
1층 수준	자기-존중	다원적	다원적 조작(체계초월적 마음)	인간적 유대(그린, 민감한 자기)	상대주의적	개인적
		합리적	형식적 조작(합리적인 마음)	진리의 힘(오렌지, 과학, 성취)	복합적	양심적
	소속감	신화적	구체적 조작(규칙/역할 마음)	투쟁적 추동(블루, 순응주의자)	절대주의적	순응적
	안정성	마법적	전조작(개념)	권력신(레드, 영웅)	자기중심적	자기-보호적
			전조작(상징)	부족 정신(퍼플, 물활)	마법적-정령숭배적	충동적
	생리적	태고적	감각 운동	생존 감각(베이지)		상징적

켄 윌버, 『통합 비전』, 물병자리, 113쪽에서 재인용.

발도르프 교육에서 제시하는 단계 중에서는 오성혼, 현대 철학의 단계들 중에서는 1층 의식의 완성이 현대 교육이 추구하는 목표 수준이 될 것입니다. 그런데 이런 수준에 이르기 위해서는 반드시 단계에 맞는 교육이 이루어져야 하며 이 순서에 어긋나는 조기 교육이 이루어지면 아래, 위 단계에서 이루어져야 하는 의식들이 모두 교란되고 맙니다. 감성이 촉진되어야 할 나이에 개념 논리적 교육을 하게 되면 감성 발달이 충분하지 못한 것으로 그치지 않고 이성 발달의 토대마저 근본적으로 훼손되어 버린다는 것입니다.

언어 문자 교육에서도 당연히 이 같은 원칙이 지켜져야 합니다. 대체로 초등 교육을 마칠 때까지도 학생은 감성 위주의 성장을 하고 있을 시기입니다. 문자 교육이 처음 이루어지는 7~8세 때는 앞 표에서 겝서가 말하는 마법적 의식과 신화적 의식 단계를 통과하는 때이며, 피아제가 말하는 상징과 개념에 대한 전조작 단계입니다. 한마디로 개념 논리적 의식이 전혀 발달할 수 없는 상태라는 것이죠. 환상과 상상을 통해 세계를 만나는 아이들에게 '문자'라는 개념 논리적인 틀을 가르치는 일은 매우 조심스럽고 정교한 배려 아래 이루어져야 합니다.

독일이나 북유럽 교육 선진국들에서는 문자 교육이 수년에 걸쳐 서서히 이루어집니다. 1학년 때 알파벳, 2학년 때 낱말 확장, 3학년이 되어야 문장에 익숙해지는 것을 목표로 삼을 정도로 천천히 이루어집니다. 이렇게 하는 이유는 문자 이해가 체험과 감성에 스며들어 내면화될 수 있는 시간을 주기 위해서입니다. 개념이 체험과 감성이라는 토대를 튼튼히 가질 때와 그렇지 않을 때의 차이는 너무나 큽니다. 문자가 지시하는 대상을 사전적으로 정의하고 외운 사람과 체험, 관찰, 어울림이 있는 사람과 이해 차이는 앎의 질이 다를 수밖에 없고 이 차이가 누적되어 결국 사고력 자체의 차이로 나타나게 됩니다. 구체적, 물질적 대상은 말할 것도 없거니와 추상적, 정신적 대상도 마찬가지입니다. 특정한 현상이나 상태와 소리, 기호의 상관성이 높을수록 개념 이해의 확실성이 높아지고 필요할 때 그 개념을 적

하늘에서 온 글, 한글

용, 확장, 응용하는 능력도 자라나기 마련입니다. 그러니 늦게 가는 것이 빨리 가는 것이라는 역설적 진실이 문자 교육에서만큼 분명한 곳도 없을 것입니다.

핀란드에서는 8세 이전의 문자 교육이 철저히 금지되어 있기도 합니다. 이때의 아이들에게 글자란 그림 형상에 불과합니다. 소리와 말에 대한 수용이 주가 되는 때라서 이야기를 듣고 상상을 확장하는 것이 중요하기도 하고 잘 이루어지기도 할 때입니다. 글자를 대할 때도 형상화와 자신의 몸 움직임을 통해 접하는 것이 꼭 필요한 때입니다. 이유도 모르는 순서를 외워 음소를 암기하고 그 결합된 음절과 낱말을 다시 암기하는 식의 문자 교육은 사유 능력을 자극하기는커녕 상상력을 제약하고 대상에 대한 공감 능력을 반감시키고 결국에는 인과적 사고 습관 자체를 기피하는 관성을 만들어 버립니다. 때문에, 암기식 문자 교육을 통해 얻은 지식으로 텍스트 위주의 독서를 이른 시기에 하는 것이야말로 많은 조기 교육 중에서도 가장 부작용이 큰 것인데, 안타깝게도 우리 교육 문화는 이 활동에 충실한 것을 경쟁에서 앞서가는 길이라고 여기는 분위기가 만연해 있습니다.

한편, 여러 환경적 요인과 교육 제도의 문제로 우리 아이들은 8세 이전 문자 교육을 금지할 수도 없고 유럽처럼 느린 속도로 가르칠 수도 없는 것이 현실입니다. 이런 현실에도 불구하고 초1 나이에 문자 교육을 최초로 받는 아이들에게 최소한의 교육적 배려가 필요한데, 그것이 바로 감성적 접근과 제자 원리를 활용한 교육입니다.

감성적 접근

이 책의 2부 지도안에 감성적 접근 방법이 제시되어 있으므로 여기서는 간단히 의의에 대해서만 살펴보겠습니다. 감성적 접근의 구성은 대략 이야기, 형상화, 몸놀이, 노래와 시로 이루어집니다.

　음소에 대한 교육을 이야기로부터 시작하는 이유는 이 시기 아이들이 세계를 동화적 환상과 상상으로 이해하고 있을 때이고 교육은 철저히 학생의 의식 상태에 부합하는 식으로 이루어져야 하기 때문입니다. 음소가 가진 의미와 형상이 한편으로는 동화적 상상에 의해, 다른 한편으로는 체험 가능한 형상에 의해 머릿속에서 연결될 때 아이는 문자를 자신이 다룰 수 있는 놀잇감으로 여기게 됩니다. 이 시기 아이들에게 놀이는 학습과 대립하는 과정이 아니고 오히려 학습 자체입니다. 호기심에 대한 해소 과정이자 놀이로 학습의 첫 발을 떼지 못하면 그 학습 능력은 곧 내적 동기 부여를 상실하게 되고 맙니다. 우리에게 공부가 재미없는 '학습 노동'이 되는 첫 번째 이유가 바로 이 유희성이 결여되어 있기 때문입니다. 그러므로 상상을 가장 재미있는 놀이로 여길 이 시기 아이들에게 문자에 대한 상이 이야기와 형상으로 주어지는 것은 선택 가능한 여러 방법 중 하나가 아니라 반드시 행해질 필수로 이해되어야만 합니다. 학습에서 자기 발전의 기쁨을 느낄 수 있는 기초가 여기서 마련됩니다.

　이야기, 형상화만큼 중요한 것이 몸놀이와 노래입니다. 감성의 기초가 되는 것은 감각입니다. 감각을 일깨우는 것은 몸놀이입니다. 몸으로 익힌 앎은 뇌의 표층이 아닌 심층에 새겨집니다. 사지를 움직여 배운 것들은 그것이 무엇이라 하더라도 평생을 통해 자신과 일체화된 앎으로 남게 됩니다. 음소를 노래와 시라는 감정을 담은 활동과 사지 운동이라는 몸 활동으로 배우게 되면 그 음소의 느낌, 작용, 형태의 의미를 스스로 알고 확장할 수 있게 됩니다. 모든 낱말과 개념에 '그것이 그러한 바', 소이연(所以然)을 알게 됩니다. 가장 기초적인 음소 하나하나에 대해 구체와 추상을 가로지르는 느낌과 상을 갖춘 아이는 낱말과 개념에도 자신의 감성을 담을 수 있게 되고, 이 능력이 나중에 이성과 감성을 통합시키는 기초가 되는 것입니다. 그러므로 초기 문자 교육의 감성적 접근은 인생의 첫 번째 학습에서 반드시 지켜져야 할 대원칙입니다.

제자 원리를 활용한 교육

모든 학습은 호기심을 원동력 삼아 그 해결의 기쁨이 동반되는 식으로 이루어져야 합니다. 호기심 해소 없는 교육은 마치 먹기 싫은 음식을 억지로 먹는 것 같은 상태겠죠. 문자를 배우기 시작한 아이들의 가장 흔한 질문은 '그 대상이 무엇 때문에 특정한 소리와 기호로 표현되는가?'입니다. '저건 왜 하늘이라고 불러? 이건 왜 땅이라고 불러?'라는 식입니다. 이 소박한 질문에 납득할 만한 답을 주지 못하면 언어 발달과 사고 발달은 유리되어 버리고 개념은 그 뿌리를 상실하게 될 것입니다. 문자 교육의 초기부터 이해 없는 주입식 암기로 학습이 시작되면 이어지는 학습 과정은 끊임없이 '암기된 정의'를 외우는 것이 될 텐데, 능동적으로 의미와 가치를 내면화하고 해석할 수 없는 지식의 축적은 정신의 성숙으로 이어지지 못하고 제한된 도구적 기능으로 전락하고 말 것입니다.

감각 체험과 감성, 이성으로 이어지는 인식 발달은 몸과 말, 글로 이어지는 언어 발달과 조응합니다. 그런데 이 전체 과정을 포괄하고 연결해 주는 어떤 일관된 틀이 없다면 우리 인식은 분열과 파편화를 면할 수 없게 됩니다. 체험 없는 감성, 감성 없는 이성은 내용 없는 형식과 같은 것입니다.

다행히 우리에게는 한글이라는 최고의 문자가 있고, 더불어 세계 문자사에서 유일하게 그 제작과 형성 원리를 설명한 훈민정음이 있습니다. 음양오행이라는 세계관을 바탕으로 소리-형태-뜻을 일관되게 연결한 놀라운 문화유산이 있습니다. 그럼에도 불구하고, 이제까지 우리 교육은 이 자랑스러운 문화유산의 실내용을 언어 교육에 전혀 활용하지 못했습니다. 더구나 국어를 구성하는 데 떼려야 뗄 수 없는 한자에 대한 도외시까지 더해져 개념에 대한 근본적이고 심층적인 이해는 날이 갈수록 그 수준이 하향 평준화되고 있습니다.

자라나는 세대의 한글 맞춤법 실력이 점점 저하되는 것은 단순한 현상이 아니고 문자 자체에 대한 근본 상이 형성되지 않았기 때문입니다. 한자로 이루어진 무수한 표현을 그 정확한 뜻을 모르고 대략의 표상을 외우는 한, 한글 표기의 '그렇게 된 바' 이유를 모르고, 두루뭉술한 의미를 외우는 한 맞춤법의 오류는 말할 것도 없고 가치관과 세계관의 형성이라는 교육 근본의 가치가 정립되기 힘들 것입니다. 국민 공통 교육을 마치고도 가장 기초적인 개념들에 대해 정의도 설명도 할 수 없는 상태라면 문화의 발달은 기대할 수 없습니다. 시간, 공간, 질, 양, 국가, 정의와 같은 한자에서 온 말이든 그리움, 아름다움, 외로움, 슬픔, 홀로, 함께와 같은 순우리말이든 정의와 설명을 하려면 십인십색의 '짐작'과 '의견'이 분분할 뿐 어느 하나 그 뜻이 분명하게 합의되고 이해된 방식으로 이루어지기 힘든 것이 현실입니다. 이것은 곧바로 사회 전체의 합리적 합의 수준을 떨어트리고 소통 능력과 문화를 악화시킵니다. 건강한 토론 문화가 자리 잡는 데에는 기초 개념에 대한 사회적 합의가 전제가 되고, 그러한 합의는 수준 높은 언어 능력을 바탕으로만 이루어질 수 있습니다. '방정식'과 '함수'의 정의를 모르고 계산에 몰두하는 학생, '정치'와 '이념'을 모르고 편의적으로 해석하는 어른이 당연시되는 한 사회의 합리적 의사소통 문화가 발달할 수는 없는 노릇입니다.

물론, 처음 문자를 배우는 학생들에게 '제자 원리' 자체를 논리적으로 가르칠 수는 없습니다. 그러나 교사와 어른이 그 제자 원리를 이해하고 이에 바탕하여 아이들의 눈높이에 맞춘 감성적 교육을 할 수 있는지의 여부는 우리 교육 문화를 근본적으로 혁신하는 시금석이 될 것입니다. 감성적 수준에서 문자와 개념을 체화하고 내면화한 학생이 이성적 논리를 학습 도구로 활용할 수 있는 때가 되었을 때, 다시 제자 원리에 기초한 심층적 이해가 깊어진다면 '사고력'의 향상은 이 과정에서 자연스럽게 이루어질 수 있고, 사고력의 향상은 '온고지신'의 원리에 따라 '창의력'으로 연결될 것입니다. 그러므로 실로 우리 교육의 미래가 언어 교육의 혁신에 있다고 해도 지나치지 않을 것입니다.

『논어』 자로편에는 다음 대화가 보입니다.

하늘에서 온 글, 한글

子路曰: "衛君待子而爲政, 子將奚先?" 子曰: "必也正名乎!" 子路曰: "有是哉, 子之迂也!
奚其正?" 子曰: "野哉由也! 君子於其所不知, 蓋闕如也. 名不正, 則言不順; 言不順, 則事不
成; 事不成, 則禮樂不興; 禮樂不興, 則刑罰不中; 刑罰不中, 則民無所措手足. 故君子名之
必可言也, 言之必可行也. 君子於其言, 無所苟已矣."

(자로왈: "위군대자이위정, 자장해선?" 자왈: "필야정명호!" 자로왈: "유시재, 자지우야! 해기정?" 자
왈: "야재유야! 군자어기소불지, 개궐여야. 명불정, 칙언불순; 언불순, 칙사불성; 사불성, 칙례락불흥;
례락불흥, 칙형벌불중; 형벌불중, 칙민무소조수족. 고군자명지필가언야, 언지필가행야. 군자어기언,
무소구이의.")

자로가 이르기를 "위나라 군주가 스승님을 등용해서 정치를 하고자 하면 제일 먼저 무엇
을 하시겠습니까?" 공자가 답하기를 "반드시 명분을 바로잡을 것이다." 자로가 말하기를
"명분 따위가 뭐 중요하다고 제일 먼저 명분부터 바로잡겠다고 하십니까?" 공자가 말하기
를 "말이 거칠구나, 자로야. 모르면 가만히 있기나 해라. 명분이 바르지 않으면 말에 순리
가 없게 되며, 말에 순리가 없으면 일이 이루어지지 않는다. 일이 이루어지지 않으면 문화
를 꽃피울 수 없으며, 문화가 꽃피지 않으면 형벌이 소용없게 된다. 형벌이 소용없게 되면
백성들의 행동 기준이 없게 된다. 따라서 군자는 먼저 명분을 바로 세워 말에 순리가 있게
하며, 그를 바탕으로 행동을 한다. 군자는 자신의 말에 반드시 책임을 지는 법이다."

『논어』 자로편

공자의 '정명'은 오늘날 '개념(槪念)'과 유사한 용어인데, 이것의 정립이 없으면 순리와 문
화, 질서가 모두 어지럽게 된다고 강조하고 있습니다. 이 같은 통찰의 가치는 비단 어느 시대
에 한정된 것이 아니고 동서고금을 관통하는 보편성이 있습니다. 그리고 이 정명 혹은 개념

정립의 바탕이 언어 문자에 대한 정확한 이해라는 것은 자명한 사실입니다. 오늘날 우리는 우리 시대에 맞는 새로운 정명을 향한 교육을 세워 나가야만 합니다. 이어지는 한글 지도안은 이러한 노력의 일환입니다.

말과 글이 의식 발달에 미치는 영향

일반적 의식 발달 단계

교육은 사회가 요청하는 바람직한 인간상을 세우고 개인마다 타고난 자질을 실현하도록 돕는 과정입니다. 인간관은 각 문명, 문화에 따라 여러 가지로 분화되어 왔지만 동서고금의 보편적 인간상도 있습니다. 동양에서 신(身)-심(心)-성(性) 삼재의 종합으로 인간을 이해했던 것이 그것입니다. 각 단계에 필요한 발달 과정을 체-지-덕이라 보았는데, 비록 문화적 개념과 용어 차이는 있으나 서양에서도 이 같은 인간관은 유구한 전통을 가지고 있습니다. 교육철학에서는 발도르프 교육의 창시자인 루돌프 슈타이너가 몸(body)-혼(soul)-영(spirit) 삼원의 종합으로 인간을 파악하고 그 전체를 조화롭게 발달시키는 과정으로 교육을 이해한 것이 예가 될 수 있습니다.

자연에 의해 가장 먼저 발달하는 몸의 감각 기관들은 7세를 전후해서 일차 매듭이 지어집니다. 영구치가 나는 나이가 되면 기초 감각들이 비로소 안정이 될 것입니다. 물리적인 감각 기관들이 안정되고 언어를 습득함에 따라 체험 내용들이 기억으로 전환, 축적되는 과정을 통하여 본격적으로 의식이 발달하는 '사회적 인간'이 형성되며 이 시기부터 보육, 양육과 구별되는 의미의 교육이 시작됩니다. 그리고 자연이 성장시킨 인간의 초기 발달 상태를 사회가 이어 가는 과정이 시작됩니다.

언어와 의식의 관계를 중심으로 발달 과정을 정리하여 보면 다음과 같습니다. 먼저 몸의 발달 단계에서 영구치 나는 시기를 전후로 감각이 자리 잡고 나면 감각 경험들이 내면화되어 본격적으로 감성을 형성하는 시기로 진입합니다. 이때 우리 의식 세계에 큰 변화가 생기는 데, 그 변화는 언어의 습득에 의해 발생하며 본격적인 의미장이 형성됩니다. 모든 물질이 중력장(gravitational field)을 벗어날 수 없듯 인간의 인식은 의미장(semantic field)을 벗어날 수 없습니다. 이 말은 우리가 '가치와 목적' 없이 살 수 없음을 뜻합니다. 일찍이 철학자 칸트가 주장했듯 자연은 인과율에 따라 움직이지만 인간은 목적률에 따라 산다는 것과 같은 뜻입니다. 그래서 우리는 세계를 실재(real nature, reality)로 만나는 것이 아니고 가치와 의미의 세계로 해석하며 살아갑니다. 그리고 이 의미장은 언어 습득과 함께 본격적으로 나타납니다. 의미장의 성숙은 대략 다음 단계를 거칩니다.

1단계: 사물의 주도성

2, 3세경의 아이들은 타고난 거울 신경 세포로 인해 주변 환경을 그대로 모방합니다. 이때는 물질 환경이 사물로서 주도적이고 능동적인 의미의 원천이 됩니다. 이때 인간은 행위 선택을 할 수 없으며 의미는 사물에 고착된 속성인 시기입니다.

2단계: 행동의 주도성

3~5세. 직립을 할 수 있고 생명 감각을 넘어 운동 감각, 균형 감각을 익힐 때쯤 아이는 사물

에 능동적 작용을 가할 수 있습니다. 이때는 개체의 행동이 의미의 주도성을 가집니다. 자기 몸을 옮기기도 하고 대상을 변형시키기도 합니다. 그럼으로써 비로소 환경보다 내 의지적 행동이 의미의 중심에 서게 됩니다.

3단계: 말의 주도성=의식과 기억의 대폭발

5~7세. 말을 익히게 되면 내가 사물에 의미를 던져 넣을 수 있습니다. 그와 함께 사물에서 의미가 분리되기 시작합니다. 관념 안에서 의미 덩어리가 공간을 형성하며 의미를 가지고 여러 사물에 치환, 변환을 할 수 있게 됩니다.(나무 막대기를 말이라 상상하며 놀 수 있다.) 상상력, 발산적 사고가 증대하고 본격적인 놀이가 가능해집니다. 사물에 붙어 있던 의미가 행동을 통해 변화하고 말을 통해 사물에서 분리되어 내면으로 들어오는 과정이 반복됩니다. 이것은 처음에는 말로, 다시 내적 생각으로 진화합니다. 이후 인간은 한 사물의 의미를 다른 사물로 대체할 수 있고 한 행동이 다른 행동을 대체할 수 있음을 알게 되고, 그럼으로써 무한대의 의식 세계가 열립니다.

처음에는 행동(움직임), 다음은 행동과 함께 말, 다음은 말의 내면화로서 생각이 발생합니다. 어렸을 때 그림을 그린다는 것은 행동을 연필로 고정시키는 것입니다. 행동이 앞설 때이므로, 그러고 나서 의미를 붙입니다. 그림 먼저, 의미 나중이 됩니다. 커서는 생각하고 나서 그립니다. 생각-말-행동으로 역순이 됩니다. 이 사이에서 의미가 분리됩니다. 사물과 행동으로부터 의미가 분리되어 나간 곳에 언어와 의식에 의한 의미장이 들어서며 언어 획득 후 우리를 둘러싼 모든 시공간은 의미의 시공간이 됩니다. 인간 뇌의 뒷부분은 감각, 앞은 운동을 담당하고 그 사이는 기억이 차지하는데, 이 기억의 폭발을 가져오는 것이 바로 언어이며 언어에 의해 의미장이 형성되고 나면 누구도 거기에서 자유로울 수 없게 됩니다.

말과 글의 차이

이 같은 발달 과정에서 인간 의식의 변화는 절대적으로 언어에 의지하고 있습니다. 언어는 인간이 그것을 통해 세계를 이해하고 자신을 표현하는 영혼의 창입니다. 무의식을 제외한 의식의 대부분은 '기억'이 지배하고 있는데, 이 기억은 언어 없이 체계적 정리, 축적이 불가능합니다. 그래서 언어의 수준은 곧 사고의 수준을 결정하는 기준으로 작용하게 됩니다.

우선 인간은 말을 통해 세계를 은유적이고 상상적으로 표상합니다. 즉 말=언어=구술 문화=표상·감정 복합체=상상력(분산적 의식-감성)의 성격을 가집니다. 말의 사용은 대상-기억(표상+감정 복합)-지각을 발전시킵니다. 말이 주도적일 때 의식은 주관적이고 감정에 기초하고 상황 의존적이며 상대를 전제합니다. 생각이 행동으로 나가기 위해서는 그 기준점으로 감정이 동반되며 생각(지각) → 감정 → 행동으로 나갑니다. 이때 생각은 감각+이미지(표상) 기억으로 형성되므로 언어로서 말은 우선 주관적인 표상과 감정의 복합체가 될 수밖에 없습니다. 이것이 감성 형성의 기초가 됩니다.

말이 통한다는 것은(community) 공동체 의식의 바탕이고, 언어를 통한 감성 공동체의 형성은 물리적 혈연을 넘어선 집단 자의식을 가능하게 합니다.(가령, 민족은 언어, 역사 공동체로 정의된다.) 같은 말의 공유는 같은 정서와 세계관, 가치관에 대한 소속감을 강화시킵니다. 말을 통해 감성과 상상력이 열리지만 이런 분산적 의식은 무한 확장될 수 없고 일정한 질서와 패턴을 가진 수렴적 의식을 만남으로써만 사고의 재료가 될 수 있습니다.

글=문자 문화=책(읽기, 쓰기) 문화=개념. 논리=이성(수렴적 의식-사고)의 성격을 가집니다. 초기의 글은 말의 상형적 표기 성격을 띱니다. 그러나 여기에서 출발할 뿐 여기서 그치지 않습니다. 그러므로 말을 옮긴 것을 글이라 보는 것은 큰 오류입니다. 말의 특징은 현장성에 있습니다. 말은 발화되는 순간 휘발되며 상황과 상대에 따라 즉흥적으로 변화합니다. 그것은 감정과 인식을 뭉뚱그려 종합적으로 함께 표현하지 분리해 내지 않습니다.(청각과 시각의 차이가 바로 종합과 분리에 있다. 청각은 대상의 상태를 종합적으로 인식하게 하는 반면 시각은 분절시킨다. 말은 청각, 글은 시각에 의존성이 크다.) 그러나 글은 다릅니다. 글은 의미를 고정시키고 분절시킵니다. 말은 그때그때 달라질 수 있지만 기록되고 개념어로 표현된 글은 변주 가능성을 제한합니다.

애초에 문자의 탄생은 정착 농경, 부족의 확대, 관료제적 권력의 탄생과 함께 진행되었습니다. 정확한 의미를 시공간의 한계를 넘어 전달하는 데 목적이 있었던 것입니다. 더구나 제도, 문물의 발달과 규범의 정비 등은 엄밀히 정의된 개념이 없으면 불가능하고 마술-주술-신화적 세계관을 넘어 종교와 사회적 도덕의 확립을 바탕으로 운영되는 문명 사회는 점차 세계를 설명하기 위한 체계적 논리를 갖추어야 했습니다.

글은 복합적인 추상화를 통해 고도의 '개념'을 만들어 내는데(槪念, concept) 바로 이 개념을 통해 의미의 '사회적 합의'가 가능해집니다. 말이 감각-표상/감정-지각(percept)을 자극하는 데 비해 글은 개별적, 주관적 인식을 넘어선 보편적, 객관적 인식을 자극합니다. 더 넓은 합의망은 더 큰 보편성을 획득하며 보편성과 합의망이 확장될수록 그에 따른 자아 관념의 변화가 생깁니다. 우선, 개념어를 익힌 사람은 비로소 '공적 영역'에서 발언권을 얻습니다. 이로써 '성인 시민'으로 권리가 발생하며 자유로운 개인으로 스스로를 의식할 수 있게 됩니다. 다음, 지속적으로 합의망 확장과 보편성을 추구함으로써 사고가 개체성을 초월하게 됩니다. 이로써 개체 자아를 넘어선 더 넓은 자의식, 공공성과 자아의 통일(=도덕과 역사적 양심)이 출현하며 인간은 더 높은 의식을 향해 전진할 수 있게 됩니다.

말과 글은 각각 감성과 이성 형성의 기초가 되는데 이 둘의 조화는 모든 문화 성숙의 뿌리입니다. 감성은 인간 존재론적 구조와 체험을 내면화하여 가치관 형성의 토대가 되고 이성은 세계 인식을 확장하여 사고, 창의력의 바탕이 됩니다. 이는 대립, 우열 시각으로 볼 수 없는 불가분의 정신 세계의 양면입니다. 동양적 개념으로 보자면 4단7정이 발도로프 인지학의 감성이자 혼(soul)이고 4덕이 사고이자 영(spirit)에 해당할 것입니다. 구별은 되지만 분리될 수 없는 이 의식들은 일생을 통해 함께 변화 발전하지만 성장기에는 각각 영역이 뚜렷이 발달되는 단계가 있습니다. 그러므로 상상, 감성이 중심이 되는 말 언어의 세계와 논리, 이성이 중심이 되는 글 언어의 세계를 함께 고려하면서도 때에 맞는 무게 중심을 존중하며 교과 과정이 펼쳐지는 것이 꼭 필요합니다.

언어 발달, 주체성, 시민 의식 관계

근대적 '개인'과 '국민'

근대(modern society)의 '개인'은 천부 인권을 바탕으로 침해될 수 없는 '자유'를 부여받은 존재로 여겨집니다. 이 전제 위에서 1인 1표의 국민 주권이 성립하며 이 주권자들의 '일반의지'를 제도화한 법을 기초로, 주권을 위임받은 자가 질서를 관리하는 것을 우리는 민주주의라 명합니다. 그러므로 개체 자아로서의 인성인 개성(personality)이 아니라 당대 인간관으로서 개인(individual)은 자유 민주주의의 이념적 전제가 되는 중요한 개념입니다. '개인', '자유', '민주'는 삼위일체 관계에 있습니다. 그런데 이러한 개인성은 자연적으로 주어지는 것이아니고 사회적 교육을 통해 형성됩니다. 이 점에서 근대 시민은 의식 내용을 형성하는 교육과 불가분 관계에 있습니다.

똑같이 '자유'라고 번역되지만 liberty는 freedom보다 함의가 좁은 근대적 의미의 자유입니다. 이 단어 자체에는 시대사적인 고유 내용이 담겨 있습니다. liber의 원래 뜻은 book입니다. 도서관, 장서 등의 의미로 쓰입니다. 그렇다면 리버티는 그러한 인쇄술, 지식의 대중화, 도서 문화 등이 만들어 낸 어떤 상태를 뜻하는 것이 됩니다. 이런 의미의 리버티에 가장 가까운 우리말은 문화(文化)입니다. '문화'라는 개념도 글 자체로 보면, 글월 문에 화할 화이니, 글에 의해 어떤 변화가 일어난 상태를 뜻합니다. 리버티의 어원적 의미는 책을 통한 글 문화 인식을 갖춘다는 것입니다. 글 문화는 위에서 논했듯 개념과 논리를 바탕으로 이성(계산, 추론, 판단, 추리)적 능력을 갖춘 의식 출현을 말하는 것입니다. 그리고 이 의식은 더 이상 선험적, 세습적 신분이나 권위에 자기 운명에 대한 결정을 맡기지 않고 스스로 권리의 주체가 되는 근대적 '개인' 의식을 촉진합니다. 근대 이전에는 문자 해독이 성직자, 나아가 권력 지배층의 특권이었고 한 사회를 이끌어 가는 신념 체계를 해석하는 것도 이들의 전유물이었지만, 자유롭게 글을 읽을 수 있게 된 이들은 더 이상 자신의 신념을 타인의 해석에 기대지 않아도 된 것입니다.

애초에 문자와 지식은 지배 계급의 전유물이었으나 인쇄술의 발전은 지식의 대중화를 가능하게 했고, 앎을 얻은 대중은 이전과는 다른 존재가 됩니다. 지식 독점을 통해 권력이 유지되던 특권 계급들의 신성한 아우라가 역사의 뒤안길로 사라지게 됩니다. 근대는 전근대와 달리 특권층만 신성한 앎을 가진 게 아니라 대중들도 신성한 앎에 접근 가능하게 되었습니다. 이 거대한 전환에 의해 '신 앞에 선 단독자', 즉 성직자든 뭐든 어떤 신성과의 만남, 혹은 자기 운명의 결정권자가 되는 데 중간 매개가 불필요한 독립 주체가 가능하다는 의식이 생겨난 것입니다. 읽고 쓴다는 행위는 철저히 고독한 개체적 행위입니다. 그 과정을 통해 '신 앞의 단독자'로 스스로를 의식한 대중은 권위와 권력의 위계에서 벗어날 마음의 준비가 될 수 있습니다. 더 이상 어디에 기대지 않고, 더 이상 외부 누군가에게 내 삶의 방향을 묻지 않고 '내 운명의 이해와 개척의 주인으로서 나'라는 자의식의 탄생. 이것이 개인의 탄생입니다.

이 '개인'이라는 존재를 인정함으로써 '인권' 개념이 정당화됩니다. 다들 신성한 앎을 가질 수 있고 다들 단독자로 설 수 있다면 어떤 누구도 다른 누구 위에 선험적으로 설 근거가 없습니다. 그래서 모두 신 앞의 단독자로 존엄하다는 사상으로 나가고(천부 인권) 개인/자유 개념이 핵심이 되어, 그 자유로운 개인들이 합의하여 만든 제도적 공동체를 국가라 하고 그 구성원을 국민이라 함으로써 새로운 시대가 탄생합니다. 그러므로 자유 민주주의는 국민의 전제로 개인의 탄생이 있기에 어떤 집단주의도 개인의 존엄성을 해칠 수 없음을 이념의 핵심으로 삼게 됩니다. 이러한 근대적 이념(자유 민주주의)은 liber＝book으로, 문(文)으로 의식이 화(化)하기 전에는 나올 수 없는 사유인 셈입니다. 어떤 의미에서는 "앎이 너희를 자유롭게 하리라." 하는 성경의 경구가 가장 어울리는 경우입니다.

체험에 대해 일상의 감정과 심적 이미지(표상) 수준의 반응에 머물지 않고, 개념을 이해하고 깊이 사유하고 독립적으로 판단, 행동하는 자유로운 존재. 그 자유로운 개인의 탄생 전제는 글 문화 확립입니다. 읽는 행위는 구술을 기호로 옮긴 메시지만을 뜻하지 않습니다. 그것은 추상화, 일반화, 복합 중층화된 '개념적 사고'를 한다는 것입니다. 그럼으로써 감춰진 진리를 드러내려는 노력입니다. 쓴다는 행위는 읽기의 전제 아래 고도로 함축적이고 합의된 개념어로 보편적이고 공적인 자기 발언이 가능해짐을 뜻하고 인간은 이에 의해 자유인이자 공민이 됩니다. 말과 상상력을 통해 감성을, 글과 개념 논리를 통해 이성을 성장시킨 인간은 양자의 종합 속에서 독립, 주체적인 판단력의 소유자가 되고 개체 자아를 넘어 세계의 구조와 자신의 연결을 이해하는 존재가 됩니다. 그러므로 성숙한 개인 의식과 국민 의식은 함께 나타납니다.

감성과 이성의 조화 = 양심과 의식의 성숙

몸짓에서 말, 말에서 글로 넘어가는 과정은 육체적 체험이 정신적 의식 발달로 고도화되어 가는 과정이기도 합니다. 이것은 한 개인의 성숙 과정이기도 하지만 인류사 역시 개체가 겪

가라타니 고진	루돌프 슈타이너	매슬로	박규현	나이
문명 발달 단계	정체성 발달 단계	매슬로 욕구 발달 단계	언어-의식의 상관 발달 단계	
5. 통합(공감) 교환X	의식혼(양심)	자아 실현 욕구	영안-직관지 (초언어적 통찰)	성인
4. 산업(합리) 교환C-상품	오성혼(이성)	자존 욕구	글-의미 (개념, 논리, 판단)	12~18세
3. 농경(신화-종교) 교환B-국가	감각혼(감성)	애정, 인정 욕구	말-의미 (표상, 감정 복합체)	7~12세
2. 수렵/원예농(타이탄) 교환A-네이션	아스트랄	안전 욕구	행동-의미	3~6세
1. 채집(태고, 우르보르스) 원시공산	에테르	생존 욕구	사물-의미	0~3세

는 발달 단계를 거시적 차원에서 재현해 온 것으로 볼 수 있습니다. 생물학에서 나온 '개체 발생이 계통 발생을 재현한다.'는 명제는 역사적, 사회적으로도 적용된다는 주장이 여러 현대 사상가들에 의해 수용되고 다양하게 표현되어 왔습니다. 위의 표는 문명의 수준(세계관과 삶의 양식)이 개인의 정체성과 의식과 어떻게 조응하는지 보여 줍니다.

언어는 기술적인 표현력이나 기능적인 사고 능력과 연결이라는 좁은 의미에 가둘 수 있는 것이 아닙니다. 언어의 수준은 곧 의식의 수준이고 개인에게 의식 수준으로 나타나는 것의 집합으로 문화가 형성되면 이것이 곧 당대 문명의 성격과도 직결됩니다. 이런 점에서 언어 교육은 교육의 한 과목이라기보다 교육이 이루어지는 바탕 자체이며, 인성의 핵심 영역을 형성하는 것으로 이해되어야 합니다.

한편, 감각 체험에서 감성으로의 전환, 감성에서 합리적 이성으로의 전환은 몸-말-글이라는 언어 발달 체계를 그대로 반영하는 의식 진화 과정입니다. 이렇게 체험, 감성, 이성의 성장은 특정 나이 대에 특정 영역이 집중적으로 발달하지만, 일단 이 발달이 이루어진 다음에는 활발한 상호 작용 아래 종합적인 판단력으로 진화하게 됩니다. 높은 수준의 도덕 의식은

하늘에서 온 글, 한글

이 상호 작용의 종합과 진화의 결과입니다. 한편으로는 인간이 일생을 통해 만나는 모든 대상에 대한 공감 능력이라는 감성적 기초가 있고, 그 위에 자기 행동의 의미에 대한 대자적 자각과 뚜렷한 가치 지향이 있을 때, 인간은 주체성을 잃지 않으면서도 공동체성과 공공성에 열린 자의식을 가질 수 있게 됩니다. 감성이 부족하면 인간 특유의 공감과 연민, 역지사지의 능력이 자리 잡을 수 없고 이성이 부족하면 이기적 입장을 떠나 합리적 사회 문화적 맥락 아래 소통하고 의사 결정하는 능력이 만들어지기 힘들 것입니다. 인간은 이 둘의 조화를 통해서만 한 단계 높은 의식 상태와 문화 수준에 이를 수 있습니다. 요컨대, 말을 말답게 배움으로써 상상력, 공감력이라는 감성을 닦고, 글을 글답게 배움으로써 합리적 논리와 판단의 세계를 알 수 있을 것입니다. 그리고 이 바탕 위에서만 통융합적 의식 진화와 보편적이고 굳은 양심을 자의식과 조화할 수 있게 될 것입니다.

한글 제자 원리 교육의 필요성

04
장

자질 문자의 의의: 문자 발달의 최고 진화 형태

훈민정음은 문자 발달사의 흐름에서 가장 진화한 형태인 자질 문자적 성격을 띠고 있습니다. 그 의미는 단지 실용성의 측면에서가 아니라 표의 문자와 표음 문자로 대별되는 인류의 문자 발달사에서 그 두 문자 체계의 강점을 종합하고 약점을 극복했다는 점에서 획기적 전환을 이룬 것으로 평가됩니다.

문자의 형성과 전파 과정은 먼저 그림을 간략화하여 상형 문자화하는 과정을 통해 한 단어를 만들고 단어 문자의 한 그림을 음소 혹은 반음절이나 음절로 만들고 단어에 대응하는 표어 문자(logogram)화하는 과정을 거쳐 표의 문자가 나타납니다. 이어서 하나의 표어 문자로부터 다른 언어에 대응하는 과정과 다른 언어 체계 속에서 각기 다른 음소 문자로 발전하는 과정을 거쳐 표음 문자로 진화합니다. 즉, 시각적 보조 수단>그림>그림 문자>단어 문자>표어 문자>음절 문자>음소 문자 순으로 발전하는데 표어 문자 앞까지는 표의성, 후에는 표음성이 문자 성격을 주도하게 됩니다. 한문이 전자의 대표라면 영어가 후자의 대표이고, 일본어는 문자 변화의 중간 지점에 위치한다고 볼 수 있습니다.

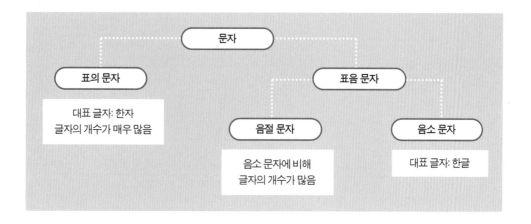

표의 문자는, 글자 하나하나가 일정한 의미를 나타내는 문자로 한자가 대표적인 예입니다. 표음 문자는 글자 하나하나가 의미 대신 일정한 소리를 나타내는 문자입니다. 하나의 언어 체계 내에서, 의미를 갖는 단위(형태소나 단어)는 수만 내지 수십만 개나 되기 때문에, 표의 문자는 글자의 개수가 매우 많아지게 됩니다. 반면 하나의 언어에서 서로 구분되는 소리는 수십 개 정도밖에 안 되기 때문에, 표음 문자는 수십 개만 있으면 하나의 언어를 무리 없이 나타낼 수 있습니다. 문명이 발달함에 따라 필요한 단어가 엄청나게 늘어나는데 표의 문자는 이들 개념에 해당하는 문자를 하나하나 새로 만들어야 하기 때문에, 문자 체계를 유지하고, 관리하는 것이 어려워집니다. 문자의 발달사에서 처음에는 표의 문자로 출발했다가, 나중에 그것이 표음 문자로 발달하게 되는 것도 이 때문입니다. 표의 문자에 비해 표음 문자가 더 진화된 문자 체계인 것이죠.

표음 문자는 다시 음절 문자와 음소 문자로 구분할 수 있습니다. '벽'이라는 음절은 자음 'ㅂ'과 모음 'ㅕ'와 자음 'ㄱ'의 세 음소로 이루어져 있는데, 음절 문자는 하나의 글자가 '벽' 같은 음절 전체에 해당하는 것이고, 음소 문자는 하나의 글자가 하나의 자음이나 모음에 해당하는 것입니다. 하나의 언어 체계 내에서 음소의 수는 수십 개이지만, 음절의 수는 수백 내

지 수천 개나 됩니다. 따라서 음절 문자는 음소 문자에 비해 글자 수가 많이 필요합니다. 이 때문에 음절 문자보다는 음소 문자를 더 발달된 체계로 봅니다. 다만, 가능한 음절의 수가 많지 않은 언어에서는 음절 문자를 사용해도 큰 불편이 없을 수 있습니다. 일본어가 그러한 대표적인 예입니다.

이러한 분류 체계를 염두에 두고 한글을 보면, 한글은 우선 가장 발달된 체계인 음소 문자에 속합니다. 그런데 한글은 음소 문자 가운데에서도 매우 독특한 특성을 가지고 있습니다. 자음이나 모음을 나타내는 각각의 글자들이 원자적(原子的)인 것이 아니라, 일정한 내적 특성을 보여 줍니다. 'ㅋ'이나 'ㄲ'은 원자적인 낱글자가 아니고, 'ㄱ'에 추가된 하나의 획, 그리고 두 개의 'ㄱ'으로 구성되어 있다고 봐야 합니다. 한글이 지닌 이러한 체계성에 주목하여, 영국의 언어학자 제프리 샘슨은 한글을 단순히 음소 문자로 보지 않고 자질 문자(featural writing system)라는 새로운 범주를 만들어서 거기에 속하는 것으로 보았습니다. 자질 문자는 여러 문자 체계들 중에서도 가장 발달된 것으로 이 범주에 드는 문자는 인류사에서 한글이 유일합니다. 자질 문자의 성격은 사전적으로는 아래와 같이 정의됩니다.

"자질 문자(資質文字, featural alphabet)는 표음 문자의 일종으로, 조음 위치와 같은 음운의 자질이 반영된 문자 체계이다. 같은 자질 문자에 속하더라도 나타낼 수 있는 자질은 서로 다를 수 있다. 한글은 한국어를 표기하는 대표적인 자질 문자로, 1443년에 만들어져 다른 자질 문자에 비해 긴 역사를 가지고 있다. 한글은 각 낱자가 음운의 자질을 나타내며, 낱자가 둘 이상 모여 하나의 음절을 만든다. 낱자는 언어학적인 특성에 따라 변형되는데, 예를 들면 한글의 ㄱ에 한 획을 더하면 유기음인 ㅋ이 되고, ㄱ을 겹쳐 쓰면 ㄲ이 되는 식이다. 이는 ㄷ·ㅌ·ㄸ, ㅂ·ㅍ·ㅃ, ㅈ·ㅊ·ㅉ, ㅅ·ㅆ에도 똑같이 적용된다. 즉 자질 문자로서의 한글은 발음 기관을 본떠 만든 자음에 가획함으로써 추가되는 음소

하늘에서 온 글, 한글

자질까지 드러낸다. 한 자모가 음운보다 작은 음성 자질로 구성되어 있고, 한글의 한 자모 안의 획은 무의미한 단순 획이 아닌, 어떤 음성 자질을 대표하는 획이다."(위키백과 https://ko.wikipedia.org/wiki/%EC%9E%90% EC%A7%88%EB%AC%B8%EC%9E%90)

자질 문자의 성격을 자모음 도표로 보면 아래와 같습니다.

〈자음의 자질 문자성〉

기본자	1차 가획	2차 가획	중복	이체
(ㆁ)	ㄱ	ㅋ	ㄲ	
ㄴ	ㄷ	ㅌ	ㄸ	ㄹ
ㅁ	ㅂ	ㅍ	ㅃ	
ㅅ	ㅈ	ㅊ	ㅆ, ㅉ	(ㅿ)
ㅇ	(ㆆ)	ㅎ	ㆅ	

〈자음의 자질 문자성〉

기본자	1차 결합	2차 결합	자질
•, ㅡ, ㅣ	ㅗㅏㅜㅓ	ㅛㅑㅠㅕ	양성 모음
			음성 모음
	단모음(초출)	이중 모음(재출)	

이상 논의한 한글의 특징을 다음과 같이 정리할 수 있습니다.

－ 한글은 조음 기관을 상형한 문자입니다.

－ 세계 문자 중 유일하게 만들어진 시기를 알 수 있고, 독립적으로 창제된 문자이기도 합니다.

－ 기본 문자와 가획한 문자로 구분됩니다.(ㄱ과 ㅋ)

- 음소 단위를 표기합니다.(기본적으로 알파벳과 같은 성격)
- 음절 단위로 묶어 표기합니다.('감'이라는 음절은 'ㄱ+ㅏ+ㅁ'의 음소 단위의 결합)

가장 발달한 표음 문자이자 음소-자질로 이어지는 문자 진화의 정점인 한글은 자연히 **'최소 음소의 조합으로 최대 음가'**를 표시할 수 있는 문자입니다. 현재 사용하고 있는 24자 한글은 1만 1172개의 음절 조합이 가능하고, ISO SC2 국제표준 문자코드위원회에 유니코드 한글 자모를 제안, 채택하게 한 동국대 변정용 교수의 연구에 따르면 28자 훈민정음 당시 표기법을 모두 살리면 이론적으로는 399억 개의 음절 조합이 가능하다고 합니다. 일본어가 300개 중국어가 400개, 영어가 3000여 개의 음절을 표할 수 있는 것으로 알려진 것과 비교해 보면 차원이 다른 압도적 효율성이 있음을 알 수 있습니다. 이미 훈민정음 창제 당시에도 그러한 자부심을 표현한 문장이 정인지 후서에 잘 나타나 있습니다.

"字韻則淸獨之能辨, 樂歌則律呂之克諧. 無所用而不備 無所往而不達. 雖風聲鶴唳, 鷄鳴狗吠 皆可得而書矣.

자운지청탁지능변, 악가즉율려즉극해. 무소용이불비 무소왕이부달. 수풍성학려, 계명구폐 개가득이서의.

(글자의 운은 청탁을 능히 분별할 수 있고 악가는 능히 율려를 조화할 수 있으며 쓰임새를 갖추지 않은 바가 없고 나아가 도달되지 않는 바가 없다. 비록 바람소리, 학 울음소리, 개 짖는 소리라도 다 글에 담을 수 있게 되었다.)"

음소의 표의성

한글은 표음-자질 문자로 이어지는 문자 발달사의 정점이면서 또 하나 획기적 진화를 이룬 문자입니다. 그것은 **각 음소별로 음양오행과 상수학(象數學)적 의미가 부여되어 일정한 표의성을 겸하고 있다**는 점입니다. 한글은 음소 문자, 그리고 음절 문자의 복합적 성질을 가지고 있고, 동시에 표의 문자와 표음 문자의 장점을 진화적으로 통합하고 있습니다.

표의 문자가 형태와 의미 연관은 강하되 음가와 상관성은 떨어지고 표음 문자는 반대로 음가와 의미를 연결시키되 문자적 형태와 연관은 떨어져 말(소리-의미)과 글(기호-의미), 뜻 3자의 명실공한 통합이 어려웠으나 훈민정음에 와서 이 문제가 전환적으로 해결된 것입니다. 조음소를 형상하면서 동시에 각 조음소에 오행적 의미를 부여하여 기호-음가-의미의 삼위일체 구조가 이루어졌습니다. 이로써 말과 글을 자연스럽게 통일시키는 언어 문자 생활이 가능해졌고, 이는 인간 의식 진화에 큰 전환점 마련의 의미가 있습니다. 집현전 학자를 대표하여 정인지가 쓴 글에서 그 의의를 다음과 같이 밝힙니다.

有天地自然之聲 則必有天地自然之文. 所以古人因聲制字 以通萬物之情.

유천지자연지성 즉필유천지자연지문. 소이고인인성제자 이통만물지정.

以載三才之道 而後世不能易也. 然四方風土區別 聲氣亦隨而異焉.

이재삼재지도 이후세불능역야. 연사방풍토구별 성기역수이이언.

(천지자연의 소리가 있다면 곧 반드시 천지자연의 무늬(문자)가 있다. 그러므로 옛사람이 소리에 따라서 글자를 만들어, 만물의 뜻을 통하게 하고 삼재의 도리를 실었으므로 후세 사람이 능히 바꾸지 못한다. 그러나 사방의 풍토가 구별되어 소리의 기운도 달라졌다.)

명시적으로 소리-무늬(형태)-뜻(성·문·정, 聲·文·情) 3자가 유기적으로 연결되어 있음을 선언하고 있습니다. 이는 말과 글, 의미 3자가 높은 상관성을 가지고 조응한다는 주장으로 표의성과 표음성 양쪽이 일관된 하나의 원리로 묶일 수 있다는 것을 말합니다. 그 '일관된 원리'는 '삼재지도'라고 말하는데, 이는 표현상으로는 천지인 삼재를 지시하나 의미상으로는 음양오행론과 주역으로 대표되는 성리학적 세계관의 기본 사유 틀 전체를 뜻합니다. 『훈민정음 해례본』 전체를 통해 천간, 지지, 하도낙서 상수학, 괘 등이 자모음 도출의 기본 논리로 쓰였음이 일관되게 서술되어 있습니다. 그리고 이것이 높은 보편타당성이 있기에 '후세 사람이 능히 바꾸지 못함'이라고 말합니다.

음소가 의미를 가지기 위해서는 당시 사람들이 '의미를 부여하는 인식 범주'가 각 음소에 논리적으로 배정되어야 하는데, 그것이 바로 음양오행으로 알려진 동양 전통 사상인 것입니다. 해례본 제자해의 첫 문장은 이와 같은 내용을 명확히 선언하고 있습니다.

天地之道, 一陰陽五行而已. 坤復之間爲太極, 而動靜之後爲陰陽.

천지지도, 일음양오행이이. 곤복지간위태극, 이동정지후위음양.

(천지 자연(우주 만물)의 원리는 하나의 음양오행일 뿐이다. 곤(坤)과 복(復)의 사이를 태극이라 하고 움직이고, 멈춘 후를 음양이라 한다.)

凡有生類在天地之間者, 捨陰陽而何之. 故人之聲音, 皆有陰陽之理.

범유생류재천지지간자, 사음양이하지. 고인지성음, 개유음양지리.

顧人不察耳. 今正音之作, 初非智營而力索, 但因其聲音而極其理而已.

고인불찰이. 금정음지작, 초비지영이력색, 담인기성음이극기리이이.

理旣不二, 則何得不與 天地鬼神同其用也.

리기불이, 즉하득불여 천지귀신동기용야.

(무릇 하늘과 땅의 사이에 있는 모든 생명 있는 것들은 어떻게 음양을 버리겠는가. 그러므로 사람의 성음에도 모두 음양의 이치가 있는데, 사람들이 살펴서 깨닫지 못한 것뿐이다. 이제 정음을 만드는 것은 처음부터 슬기로 마련하고, 애써 찾은 것이 아니라. 다만 성음에 바탕한 이치를 다한 것뿐이다. 이치가 이미 둘이 아니니 어찌 천지 귀신과 더불어 그 쓰임이 같지 않을 수 있겠는가?)

위 문장들은 당시 학자들이 음양오행과 64괘의 논리를 종합해서 세계를 이해하고 있다는 점(곤복지간 위태극), 이 세계관이 인위적, 작위적 관념의 산물이 아니고 자연의 질서 자체에 기초하고 있다는 점, 모든 생명에 공통된 보편 원리라는 점 등을 주장하고 있습니다. 음양오행과 64괘의 내용을 자세히 다루는 것은 이 책의 초점을 벗어나는 일이어서 미루되, 해례본에 나타난 음소와 음양오행의 상관성을 표로 정리하면 다음과 같습니다.(자세한 내용은 5. 훈민정음의 구성과 주요 내용에서 다룸.)

우리는 자연-소리-음운-문자-과학적 인식을 연결하는 최고의 문자를 이미 갖추고 있으나, 그 제자 원리와 의미를 충분히 살려 교육하지 않음으로써 한글이 가진 문자의 효용을 아직 백분 사용하지 못하고 있는 실정입니다. 한글은 음소 문자이면서 자질 문자이고 나아가 표

〈소리와 오행 관계〉

오행	성(聲)	음(音)	위치/방위	계절	기본 작용/ 의미
목	아	각	동	봄	굽으며 전진
화	설	치	남	여름	열나고 오름
토	순	궁	중앙	장하	머금고 뿜어 냄
금	치	상	서	가을	강하고 단단함
수	후	우	북	겨울	맑음, 깊음

〈자음의 오행 배치〉

성(오행)-음	본	중	말	기본 뜻
아(목)-각	ㆁ	ㄱ	ㅋ(ㄲ)	곡직(曲直) 굽고 곧음
설(화)-치	ㄴ	ㄷ	ㅌ(ㄹ)	염상(炎上) 타고 올라감
순(토)-궁	ㅁ	ㅂ	ㅍ	가색(稼穡) 심고 거둠
치(금)-상	(△) ㅅ	ㅈ	ㅊ	종혁(從革) 따르고 바꿈
후(수)-우	ㅇ	ㆆ	ㅎ	윤하(潤下) 적시고 내림

〈모음의 오행 배치〉

오행과 계절	기본자 천지인	초출(생수)	재출(성수)	의미	4단/4덕/감정/장부
수-겨울		ㅗ(1)	ㅠ(6)	상하 운동 1 = 위로 오름, 단독자, 최초, 투명, 발생 6 = 아래로 가라앉음, 흐름	시비지심 /지/락/신장
목-봄		ㅏ(3)	ㅕ(8)	내외 운동 3 = 밖으로 표현 8 = 안으로 내면화	측은지심 /인/노/간
화-여름		ㅜ(2)	ㅛ(7)	상하 운동 2 = 아래로 끌어내림, 복수(複數) 7 = 위로 활달	사양지심 /예/희/심장
금-가을		ㅓ(4)	ㅑ(9)	내외 운동 4 = 안으로 쌓고, 9 = 밖으로 최대치 발산	수오지심 /의/애/폐
토-종합	·(5), ㅡ(10), ㅣ(0)			5 = 변화를 일으킴 10 = 마무리 종합	중/비위

하늘에서 온 글, 한글

의성까지 갖춘 인류 최고의 문자이지만, 『훈민정음 해례본』에 그 원리가 상술된 음소 표의성은 그동안 우리 사회의 공적 담론장에서 별 조명을 받지 못했습니다. 그러나 원래 창제의 의미를 되살려 정음의 제자 원리를 익히면 글자의 형태에서 곧바로 뜻을 도출할 수 있고, 동시에 지시 대상에 대한 음가도 어떤 문자보다 확장성을 가질 수 있을 것입니다. 요컨대, 정음 제자 원리의 이해는 '문자의 표의성'을 외면한 데서 오는 기초 개념 이해 부실의 문제를 극복하는 전환점이자 비약적인 인식 확장의 토대가 될 수 있다는 점에서 문화사적 의의가 있는 것입니다.

또 대상-소리(말)-글-인식의 내적 연관을 능숙하게 개념화할 수 있다면 앞서 제기된 많은 문제들이 해결될 단초가 마련됩니다. 동시에 인성 발달에 긍정적인 영향과 사회 문화 전반의 점진적 성숙도 기대할 수 있습니다. 그것은 단기적으로는 근대화 과정에 단절된 전통 지혜의 재발견이요 장기적으로는 도구적, 계량적 합리성을 넘어서는 도덕성과 창의성의 함양 기초를 마련하는 일이기도 합니다.

훈민정음 제자 원리 교육의 기대 효과

1. 언어 습득 과정이 가진 추상과 추론 능력을 극대화하고 이를 통해 새로운 대상을 정명(正名)할 수도 있고 새로운 개념의 내용을 추론할 수도 있습니다. 음소가 어떤 자연 대상, 내적 정서와 연결되어 있는지를 이해하면서 문자를 배운다면 우리는 말글에서 체험과 감정, 이들의 추상화 과정으로 사회적 의미가 도출되는 과정을 이해할 수 있을 것입니다. 이러한 이해가 깊어지면 새로운 현상을 정의, 설명하는 소위 '개념 설계 능력'이 키워질 것입니다. 역으로 새로운 개념이더라도 그것이 상형에 기초한 표의성이 있음을 안다면

그 뜻을 추론할 수도 있습니다. 이렇게 말과 글이 자연의 질서와 그 체험에 대한 인간의 반응을 은유적으로 압축한 것이라는 것을 자각하면서 이용하면 언어의 발달이 의식 성장에 미치는 효과가 비약적으로 커질 수 있습니다.

2. 언어 형성 과정 논리를 이해한다는 것은 곧 대상에 대한 주체의 태도와 관계, 의미를 아는 것이므로 세계관과 가치관의 정립 과정이기도 합니다. 내가 겪는 자연과 체험 일체가 어떤 의미를 지니는지를 자각하는 것이 곧 주체의 위상과 역할의 인식 토대가 되기 때문입니다. 그렇다면 언어 교육이 곧 인성 교육이기도 한 것입니다.

3. 대상을 추상 기호(문자)로, 문자를 의미로 치환시키는 과정에서 발달하는 사고력의 성숙이 논리-판단-개념 설계-창의 능력까지 이어집니다.

4. 자질 문자의 특징을 체득하면 그보다 진화적으로 아래 단계인 음소 문자(영어), 음절 문자(일어, 중국어), 표어 · 단어 문자(한문) 등의 이해 습득 능력이 자연히 높아질 것입니다. 고난이도의 논리는 저난이도 내용을 자연스럽게 내포하기 때문입니다.

5. 유아 · 초등 학생들의 사물과 현상에 대한 호기심이 지적 희열의 과정으로 해소되고 북돋아질 수 있습니다. 많은 이들은 성장 과정에서 명칭과 대상의 성격 간 관계에 호기심을 가집니다. "아빠, 저것을 왜 해라고 해?"라는 순진한 아이의 질문은 더없이 소중하지만, 우리는 이 소박하고 근본적인 물음에 어떤 답도 주지 못해 왔고 스스로 납득되지 않는 것을 외워야 하는 과정으로서 공부는 그 자체로 앎에 대한 흥미를 크게 떨어뜨립니다. 그러나 말글이 체험과 질서 있게 연결되어 있음을 배워 간다면 이 부작용은 극복될 수 있습니다.

6. 한국 사회에 만연한 학문적 개념 혼란, 번역어의 교란이 대폭 해소될 수 있습니다. 한글 전용화로 한문을 배제하고 한글의 표의성도 외면한 채 이루어진 언어 교육에 의해 사회적으로 합의된 문자 사용의 엄밀성, 정확성이 크게 훼손되었음을 생각해 보면 이를 바로 잡는 노력은 곧바로 사회 전체의 문자 교양 수준을 높이는 일이 될 것입니다.

7. 미술, 음악 등 예술적 표현 양식과 의미 연관성이 대폭 높아지고 시각적, 청각적 감성과 언어 문자 간 의미, 상징의 크로스오버가 가능해질 것입니다. 가령, '노랑'이 ㄴ(화)가 ㅗ(떠올라) ㄹ(순환 운동) 하는 것이란 것을 안다면, 공중에 떠서 운동하는 불이 해를 지시하는 것이란 걸 안다면 색채에 대한 감성적 인식은 보다 풍성해질 것입니다.

훈민정음의 구성과 주요 내용

훈민정음은 3편의 독립적인 문서로 구성되어 있습니다. 그중 세종이 직접 쓰신 어제 서문과 예의편이 훈민정음이지만 집현전 학자들의 공동 집필 해설서인 해례본과 정인지가 신하를 대표하여 창제 의미를 정리한 정인지 후서까지 합하여 통상 훈민정음의 범위 안에 넣습니다.

예의편에서는 창제 동기와 함께 음소 전체에 대한 간략한 예시가 나열되어 있습니다. 그 도출 원리에 대해서는 해례본 제자해에 자세한 해설이 실려 있습니다. 한편, 문자 창제와 관련된 당시의 쟁점들에 집현전 학자들을 대표하여 입장을 정리하고 창제 정당성과 의의를 따로 부각시킨 글이 정인지 후서입니다. 이 세 편 내용 중 핵심적인 부분을 발췌하여 뜻을 간략히 살펴보겠습니다.

예의편

① 國之語音, 異乎中國, 與文字不相流通.

국지어음, 이호중국, 여문자불상유통.

② 故愚民, 有所欲言, 而終不得伸其情者, 多矣.

　고우민, 유소욕언, 이종부득신기정자, 다의.

③ 予, 爲此憫然, 新制二十八字, 欲使人人易習, 便於日用耳.

　여, 위차민연, 신제이십팔자, 욕사인인이습, 편어일용이.

① 나라 말이 중국과 달라서 문자와 서로 통하지 않는다.

② 그러므로 어린 백성들이 말하고 싶은 바가 있어도 끝내 그 뜻을 펴지 못하는 일이 많다.

③ 내가 이것을 딱하게 여기어 새로 스물여덟 글자를 정비하니 사람마다 쉽게 익히어 일용에
　편하기를 바랄 뿐이다.

① 이 첫 문장은 대단히 중요한 의미가 있습니다. 여기서 '어음'은 조선 민중들의 토속어,
'말'이고 '문자'는 '글로서 한자'임은 분명합니다. 그런데 핵심은 '중국과 다르다'가 아니고
'문자와 통하지 않는다.'는 점입니다.

　이 현상은 결코 15세기 조선만의 상황이 아니고 전 세계적이고 보편적인 상황이었습니다.
심지어 중국 내에서 지금도 벌어지고 있는 일이기도 합니다. '문자와 통하지 않는다.'는 것
은 여러 의미가 있지만 일차적으로 서기(書記) 전용인 당시 '보편 문자'가 지방어와 발음 통일
이 되지 않는다는 것입니다. 현대 중국에서도 표준어가 보통화와 광동어 두 가지가 있고 대
만의 가정에서는 대부분 민남어라는 별도의 언어를 사용하면서 대륙 중국과 별개의 국어가
있습니다. 표준어가 있음에도 불구하고 지역마다 전통적으로 이어져 온 방언의 영향력도 커
서 7대 방언들 간에는 외국어 수준의 차이를 보입니다. 한편 문자는 전통적인 한자를 번체,
현대 중국에서 만든 약식 표기를 간체라고 해서 역시 두 가지를 사용합니다. 2개의 표기 문
자와 7개의 발음, 이 상황이 바로 '국지어음이 여문자불상유통'입니다. 중국에서는 아직도

표준어 정립이 절실한 상황인 것입니다.

비단 중국뿐 아니라 이 시기까지는 전 세계가 모두 '여문자불상유통'의 상황이었다는 점을 이해하는 것이 언어 역사를 이해하는 데서 중요합니다. 어느 문명권이든 근대 이전에 문자는 지배층의 전유물이었습니다. 문자의 탄생 자체가 민중들의 일상 편리가 아니라 권력의 필요와 신성, 권위의 기초를 관리하기 위해 필요했다는 점을 상기해 보면 이는 당연한 현상이었습니다. 자급자족에 가까운 전근대 촌락 공동체의 일상인들에게는 구술 문화가 절대적인 소통 수단이었고 구술이 아닌 문자는 권력층의 기록 전용으로 쓰인 것입니다. 이런 상황에서 기록된 문자에 대한 발음도 지역마다 차이를 갖게 됩니다. 한마디로 쓰인 글은 공통이나 그 발음은 주요 지역마다 제각각이고, 말과 글 사이에도 정합성이 떨어질 수밖에 없었습니다. 그래서 나오는 것이 향찰과 이두 같은 한자와 지방어 사이에 다리를 놓는 변형 문자들입니다. 구술 문화에 바탕을 둔 이런 지방어를 '버나큘러'라 하고 서기 문자로서 보편 언어를 '랑구아프랑카'라고 하는데, 둘 간의 간격을 줄이고 구어 중심으로 랑구아프랑카를 현지화하는 작업이 곧 근대 형성기의 표준어 정립 과정이었습니다. 오늘날 서구 각국의 언어가 공통 문자인 라틴어를 뿌리로 하면서 각 지방어를 살려 만든 것이듯 동양은 '한자 문화권'이라 부를 수 있는 거대한 문명 지역이 서구와 같이 한자를 뿌리로, 각 나라 말을 변형해서 국어 정립에 나섰던 것입니다. 몽고, 만주, 조선, 일본 등이 모두 이런 노력을 경주하였으나 조선에서 훈민정음을 통해 가장 발전한 형태의 문자 창제에 성공한 것입니다.

그러므로 훈민정음의 창제는 '외국어로부터 언어 독립'이라는 맥락에서 해석되어서는 안되고, 오히려 '전근대적 보편 문자에서 근대적 국민 언어로의 진화 여정의 첫발'로 보아야 합니다. 전자의 시각을 강조해서 한글과 한자를 대립, 갈등적으로 보게 되면 오히려 풍성한 국어의 정립에 장애가 됩니다. 그것은 마치 라틴어 어근을 배제한 영어처럼 사실상 불가능한 일이기도 합니다. 안타깝게도 한글 전용화 이후 두 세대가 지나면서 우리 사회에는 한자 문맹이 기하급수적으로 늘어났는데, 이 사실과 현재 문해력이 OECD 국가 중에서 최하위 수준이라는 현실이 결코 무관하지 않습니다. 어떤 영역에서든 '진화 발전'이란 이전 단계의 합리적 핵심을 품고 진행되는 것이지 이분법적으로 단절시키는 것은 퇴행을 낳습니다. 요컨대 이 첫 구절은 자생적 지역어와 보편 문자 사이의 내적 갈등을 해결해 보겠다는 세종대왕의 의지가 천명된 문장입니다.

② '어린 백성'은 고급 보편 문자인 한자에 문맹인 보통 사람들을 뜻합니다. 그들이 말하고자 하는 바가 있어도 뜻을 펴지 못한다는 것은 제대로 의사 표현을 '글로' 하지 못한다는 말입니다. 그런데 여기서 주목해야 할 것은 '말하고자 하는 바'를 '글'로 표현하는 것이 왜 문제가 되었을까? 하는 점입니다. 만약 사회적 권리 개념이 없는 전근대 일반 농민들이라면 굳이 글로 표현할 일이 거의 없을 테니까요. 여기에는 조선 왕조가 이전 시대인 고려와 달라진 특별한 사정이 배경에 깔려 있습니다.

고려가 토지 소유를 바탕으로 하는 귀족-향리-평민-천민의 4단계 신분제로 운영되었던 반면, 조선은 양인-천민 두 단계로 신분제를 개혁합니다. 이로 인해 대토지를 독점하던 토호 귀족층이 사라지게 되고 양인들은 광범위한 자영농으로 변합니다. 토호 귀족들이 왕에게 직접 납세하던 고려와 달리 조선에서는 양인들이 납세와 군역의 주체가 되었는데, 이를 관리하는 이들이 과거제를 통해 형성된 사대부 관료들이 되었습니다. 조선은 강력한 중앙 집중적 관료주의를 통해 통치 기본 질서를 잡았고, 이는 필연적으로 대규모의 문서 기록물들에 행정을 의지하는 문화를 만들었습니다. 그런데 고려 때 토호 귀족들이 평민을 임의로 수탈하던 악습은 사라진 반면, 사대부 관료들의 '말류의 폐단'이라 할 수 있는 부패가 사회 문제가 되기 시작했습니다. 즉 권리 주체가 된 양인들의 생산과 납세 현황을 문서로 관리하는 말단 관료들이 문서 조작을 통해 백성들을 속이고 수탈하여 피해를 보는 이들이 속출했던 것입니다. 이에 태종 이방원은 신문고를 설치하여 백성의 소리를 직접 듣는 노력까지 펼쳐 보았으나 별 효과를 보지 못했고, 이런 상황을 타개하기 위해서는 일선 행정 문서를 양인인 백성들이 직접 알아야 한다는 문제의식에 이르게 됩니다. 태종 2년 『조선왕조실록』에는 특별한 기록 하나가 있습니다.

전곡(錢穀)의 출납(出納)과 회계(會計)·이문(移文) 등의 법을 정하였다. 임금이 지신사 박석명을 시켜 상정 도감(詳定都監)에 전지(傳旨)하기를, "여러 창고의 전곡의 출납은 제조(提調)가 관장하게 하고, 그 회계는 사평부(司平府)에 보고하고, 그 문자를 서로 통하는 격식을 상정하여 시행하라." 하였다. 제조 하윤(河崙)·권근(權近) 등이 상언(上言)하기를, "주관(周官)의 사회(司會)와 한(漢)나라의 평준(平準)과 당(唐)나라의 탁지(度支)와 송(宋)나라의 삼사사(三司使)의 관직은 오로지 중외(中外)의 전곡 출납을 맡았었습니다. 이제부터 여러 창고의 전곡 회계(錢穀會計)는 사평부(司平府)에 보고하고, 그 문자는 낭청(郎廳)의 아전[員吏]이 육전(六典)에 의하여 서로 왕래하게 하소서." 하여, 윤허한 것이었다.

〈『태종실록』 3권, 태종 2년 1월 16일 기해 3번째 기사. 1402년 명 건문(建文) 4년. 전곡의 출납과 회계·이문 등의 법을 제정하다〉

고려 때와는 달라진 행정 사무를 시행하기 위하여 '문자를 서로 통하는 격식을 상정하여'라고 지시하는데, 여기서 문자는 한자가 아닙니다. 한자를 모르는 일반 백성들도 알 수 있는 문자를 사용해야 하기에 이두를 사용했던 것입니다. 이는 한글 창제에 반대했던 최만리의 상소문에서도 확인할 수 있습니다. 그러나 이두만으로는 폐단을 막을 만큼 정확성이 없었습니다. 이는 집현전의 대표 학자였던 정인지의 후서에 잘 나타나 있습니다.

하늘에서 온 글, 한글

盖外國之語 有其聲而無其字. 假中國文字以通其用 是猶枘鑿 之鉏鋙也. 豈能達而無礙乎.

개외국지어 유기성이무기자. 가중국문자이통기용 시유예확 지서어야. 기능달이무애호.

(대개 중국 이외의 말은 그 소리는 있으나 글자는 없다. (그래서) 중국의 글자를 빌려 통용해 왔는데, 이는 마치 둥근 구멍에 모난 자루를 낀 것과 같이 어긋나는 일이어서 어찌 막힘없이 전달될 수 있겠는가?)

피해를 본 백성들의 하소연과 소송이 빗발치는 조선 초기 상황이 향찰이나 이두를 넘어서는 더 편리하고 진화한 문자에 대한 필요를 제기했던 것입니다. 그리하여 그들이 '말하고 싶은 바, 뜻'을 제대로 펼쳐 억울한 일이 생기지 않을 수 있는 방법을 찾겠다는 것이 세종대왕의 의지였습니다.

③ '이것을 딱하게 여겨'라는 문장은 위와 같은 상황을 알고 보면 자연스럽게 이해가 됩니다. 누구나 일상에서 편리하게 사용할 수 있는 새로운 문자의 정립. 이것이야말로 지역어로 보편어를 통합하는 표준어 정립의 첫 발입니다. 근대 서구에서 오랜 기간에 걸쳐 이루어진 이 과정을 세계 최초로 왕의 의지로 실천했다는 점에서 세종대왕은 최초의 계몽 군주라 해도 과언이 아닐 것입니다. 세종대왕의 애민 의식이야 새삼 논할 것 없는 사실이지만 훈민정음의 창제가 단순한 개인적 가치관과 의지의 문제가 아니라 당대 현실 과제 중 가장 중요한 보편적 숙제를 해결하는 과정에서 이루어졌다는 것을 안다면, 우리 문자가 가진 주체적 의미뿐 아니라 인류적, 세계사적 의미도 함께 부여할 수 있을 것입니다.

예의편에서 세종대왕이 창제 동기를 밝힌 '어제 서문'에 이어지는 내용은 훈민정음 음소(자음, 모음)와 발음 예시들입니다. 그 순서가 훈민정음 창제 원리와 관련해서 중대한 의미가 있는데, 아래와 같이 제시되어 있습니다.

〈자음〉 17자

구분	천간	1가획	2가획	기본
아(목)	갑을	ㄱ	ㅋ	ㆁ
설(화)	병정	ㄷ	ㅌ	ㄴ
순(토)	무기	ㅂ	ㅍ	ㅁ
치(금)	경신	ㅈ	ㅊ	ㅅ
후(수)	임계	ㅇ	ㆆ	ㆅ
이기체(금화교역)	인신상화			ㄹ, ㅿ

〈모음〉 11자

구분	기본자 (황극, 무극=중앙)	초출=생수	재출=성수
모음	·, ㅡ, ㅣ	ㅗ, ㅏ, ㅜ, ㅓ	ㅛ, ㅑ, ㅠ, ㅕ
부여된 상 (象=오행)과 수, 의미	천, 지, 인 5토, 10토, 0	1수, 3목, 2화, 4금 (1, 2, 3, 4=생수)	7화, 9금, 6수, 8목 (6, 7, 8, 9=성수)

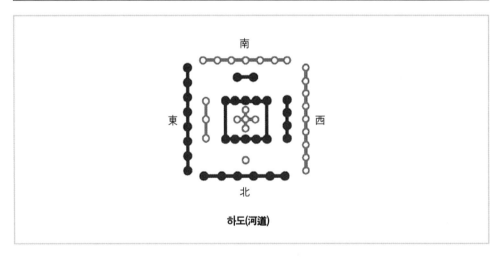

하도(河道)

　제시된 순서에 적용된 원리는 **자음은 목 → 화 → 토 → 금 → 수로 이어지는 '오행의 상생' 순이며 이것은 간지 천간의 순서이기도 합니다. 자음의 순서가 천간에 기초했다는 것은**

그 출발이 목이고 상생 순인 데서 **추론**할 수 있습니다. 천간이 목 수에 이르는 대기의 상태를 표한 것이라면 지지는 동짓날인 북쪽 수에서 시작해서 자축인~유술해로 이어지는 대지의 상태 변화 순서를 보이는데, 자음과 대비한 **모음은 지지 순서를 반영하여 자-축-인에서 천-지-인인 ·, ㅡ, ㅣ가 발생한다고 말한 후 수-목-화-금으로 이어지는 하도(동짓날부터 시작하는 계절 순서)를 따르고 있어 지지 순서임**을 알 수 있습니다. 훈민정음 전체에 걸쳐 문자 형성 원리와 그 의미에 대해 음양오행적 기초가 있음을 여러 번 밝히고 있습니다. 여기서도 마찬가지인데, 다만 자음에서 변형을 먼저 보여 주고 기본자를 뒤에 배치한 것이 해례본 제자해와 다른 부분입니다.

자음의 기본자와 1, 2 가획은 오행의 상태 변화를 3단계(본중말)로 나눈 것으로 이것을 '오행의 삼오분기'라고 합니다. 모음의 초출과 재출은 하도에 나타나는 생수(1, 2, 3, 4)와 성수(6, 7, 8, 9)의 원리를 대입했음이 해례본 제자해에서 설명되고 있습니다. 이런 배치와 순서의 의미에 대해서는 제자해 부분에서 상설하기로 합니다.

정인지 후서

① 有天地自然之聲 則必有天地自然之文. 所以古人因聲制字 以通萬物之情

유천지자연지성 즉필유천지자연지문. 소이고인인성제자 이통만물지정

以載三才之道 而後世不能易也. 然四方風土區別 聲氣亦隨而異焉.

이재삼재지도 이후세불능역야. 연사방풍토구별 성기역수이이언.

(천지자연의 소리가 있다면 곧 반드시 천지자연의 무늬(문자)가 있다. 그러므로 옛사람이 소리에 따라서 글자를 만들어, 만물의 뜻을 통하게 하고 삼재의 도리를 실었으므로 후세 사람이 능히 바꾸지 못

한다. 그러나 사방의 풍토가 구별되어 소리의 기운도 달라졌다.)

蓋外國之語 有其聲而無其字. 假中國文字以通其用 是猶枘鑿 之鉏鋙也. 豈能達而無礙乎.

개외국지어 유기성이무기자. 가중국문자이통기용 시유예확 지서어야. 기능달이무애호.

(대개 중국 이외의 말은 그 소리는 있으나 글자는 없다. (그래서) 중국의 글자를 빌려 통용해 왔는데 이
는 마치 둥근 구멍에 모난 자루를 낀 것과 같이 어긋나는 일이어서 어찌 막힘없이 전달될 수 있겠는가?)

要皆各隨所處而安 不可强之使同也. 吾東方禮樂文章 侔擬華夏. 但方言俚語 不與之同. 學
書者患其旨趣之難曉 治獄者疾其曲折之難通.

요개각수소처이안 불가강지사동야. 오동방예악지문 모의화하. 단방언리어 불여지동. 학
서자환기지취지난효 치옥자별기곡절지난통.

(요컨대 모두 각자가 살고 있는 곳에 따라 편하게 할 일이지 그것을 억지로 같게 할 수는 없는 것이다.
우리 동방은 예악, 문장은 화하와 다를 바 없지만 다만 방언과 이어는 같지 않다. (그래서) 글 배우는
이는 그 깊은 뜻을 깨치기 어려움을 근심하고 옥사를 다스리는 이는 그 곡절을 통해 알기 어려움을
근심한다.)

昔新羅薛聰 始作吏讀 官府民間 至今行之. 然皆假字而用 或澁或窒. 非但鄙陋無稽而已, 至
於言語之間 則不能達其萬一焉.

석신라설총 시작리두 관부민간 지금행지. 연개가자이용 혹삽혹질. 비단비루무계이이, 지
어언어지간 즉불능달기만일언.

(옛날, 신라의 설총이 처음으로 이두글자를 만들었는데, 관청과 민간에서는 지금도 그것을 쓰고 있다.
그러나 모두 한자를 빌려서 사용하므로, 어떤 것은 어색하고 어떤 것은 막힌다. 비단 속되고 이치에
맞지 않을 뿐만 아니라, 우리말과 어음 간에는 그 만분의 일도 제대로 전달되지 않는다.)

하늘에서 온 글, 한글

여기까지는 앞서 설명했던 상황들이 연이어 나옵니다. 문자의 발생은 소리-형태-뜻의 3위 일체로 이루어지는데, 이를 관통한 형성 원리는 음양오행론에 있다는 점, 그렇다면 일종의 '보편 언어'가 가능해야 하겠지만 자연 환경의 차이가 말(소리)의 차이를 만드는 것은 필연적이라는 점, 그러므로 글은 같고 말은 다른 상황이 발생할 수밖에 없어 학문에도 통치에도 어려움이 있고 예로부터 이 관계의 정합성을 높이기 위한 노력이 계속되어 왔다는 점 등, 훈민정음 창제의 이론적, 현실적, 역사적 배경과 맥락을 서술하고 있습니다.

② 故智者不終朝而會, 愚者可浹旬而學 以是解書 可以知其義. 以是聽訟 可以得其情.

고지자불종조이회, 우자가협순이학 이시해서 가이지기의. 이시청송 가이득기정.

(그리하여 지혜로운 자는 아침 한나절에 알고, 우매한 자도 열흘이면 배울 수 있다. 이것으로 **글을 풀이하면 그 뜻을 알 수 있고** 이것으로 **송사를 들으면 그 사정을 알 수 있다.**)

첫 문장은 훈민정음이 그 원리가 분명해서 간단히 익힐 수 있음을 말하고 있습니다. 그 원리란 음양오행인데, 성리학적 세계관을 공유하고 있었던 이들에게 이것은 당위적이고 자명한 일이었을 것입니다.

더 중요한 문장이 뒤이어 나옵니다. '글을 풀이하면(해-解)'의 '해'자는 牛(우-소)와 角(각-뿔, 여기서는 물건(物件)을 나누는 일과 刀(도-칼)의 합자(合字)입니다. 소의 살과 뼈를 따로 바르는 데서 물건(物件)을 풀어 헤치다 → 가르다의 뜻으로 쓰이는 회의 문자입니다. 금방 설명한 방식을 글자를 풀어헤친다는 의미로 '파자해(破字解)'라고 합니다. 글을 풀어 설명할 수 있다는 진술은 문자가 표의성을 가지고 있다는 말에 다름 아닙니다. 정인지 후서에 이 문장 앞에는 象形而字倣古篆(상형이자방고전)이라 말함으로써 정음이 '상형'성을 가진다는 점과 상상이나 인위적 창작이 아니라 옛글을 참조했다는 점을 분명히 밝히고 있습니다.

또 첫 문장에서 이미 가장 중요한 원칙으로 **성-문-정(소리-무늬; 형태-뜻)의 일치를 음양오행(삼재의 도리)으로 밝혔다**고 선언하고 있습니다. 그러므로 이 **'이시해서 가이지기의'라는 문장은 정음의 성격이 '해', 분할, 분석될 수 있고 그 분석은 상형성을 가진 옛 글자와 성질이 다르지 않으며 해석의 원리는 음양오행에 있다는 말이 됩니다.** 앞서 본 바와 같이 훈민정음에는 음소 각각에 오행과 수리가 부여되어 있는데, 동양에서는 오행을 상(象-가시적 형태가 있기 전의 기운에 대한 모방적 묘사)으로 보고 이 상이 수(數)와 상관성을 가진다고 보기에 상수(象數)가 부여되면 바로 의미 부여가 가능한 것이 됩니다. 가령 오행 중 목은 그 기본 뜻이 곡직(曲直)인데, 양목에는 홀수인 3을 붙이고 음목에는 짝수인 8을 부여하여 성질을 구별합니다. 양목이 외적으로 힘차게 발산하는 힘이라면 음목은 내적으로 부드럽게 파고드는 힘입니다. 자음에서는 아음, 모음에서는 ㅏ와 ㅕ가 각각 목에 해당합니다. 아음과 ㅏ, ㅕ는 어떤 식으로든 이러한 목의 성질을 띠고 있다는 말이며 이것이 글자의 뜻에도 반영된다는 것입니다. **'세계관'으로 음양오행을 내면화하고 있던 이들에게는 음소에 오행과 수가 붙는 순간 이것이 뜻으로 바로 치환이 가능했던 것입니다.** 이 문장은 훈민정음이 표의성을 겸하고 있다는 것을 분명하게 보여 주는 명문 규정입니다.

③ 恭惟我 殿下, 天縱之聖, 制度施爲超越百王. 正音之作 無所祖述, 而成於自然. 豈以其至理之無所不在 而非人爲之私也.

공유아 전하, 천종지성, 제도시위초월백왕. 정음지작 무소조술, 이성어자연. 기이기지리 지무소부재 이비인위지사야.

(공손히 생각건대 우리 전하는 하늘이 내린 성인이시고 제도를 베풂이 백왕을 초월합니다. 정음을 지으심에 옛사람이 서술한 바가 없어도 자연의 원리로 이루어 내셨습니다. 어찌하여 그 지극한 이치가 무소부재한 것인지 이는 사람이 사사로이 한 것이 아닙니다.)

하늘에서 온 글, 한글

夫東方有國 不爲不久 而開物成務之大智 蓋有待於今日也歟.

부동방유국 불위불구 이개물성무지대지 개유대어금일야여.

(대저 동방에 나라가 있은 지 오래지 않은 바 아니지만 개물성무의 큰 지혜는 아마 오늘을 기다렸을 것입니다.)

위 문장들은 당시 집현전 학자들이 훈민정음 창제에 어느 정도 의미를 부여하고 자부심을 가졌는지 잘 보여 줍니다. '초월백왕'은 직역하면 '백왕을 초월한다.'입니다. 그런데 전근대 봉건 사회에서 이 표현은 사실상 황제에게나 쓰이는 표현입니다. 봉건 사회 자체가 여러 제후국과 황제로 나뉘어 전체를 묶어 제국이라는 자의식을 가지고 있던 시절, 초월백왕이란 백왕의 우두머리를 뜻하는 것이며 자체의 연호를 쓸 자격이 되는 이에게 바쳐진 관용어입니다. 그러니 집현전 학자들은 훈민정음 창제가 '천하'에 으뜸인 문화 성과라는 자의식을 천명한 것입니다.

'개물성무'라는 표현은 『역경(易經)』 계사전의 한 대목으로 공자가 주역을 지은 주문왕의 공덕을 기린 표현입니다. 원문은 다음과 같습니다.

子曰 夫易은 何爲者也오 夫易은 開物成務하야 冒天下之道하나니 如斯而已者也라 是故로 聖人이 以通天下之志하며 以定天下之業하며 以斷天下之疑하나니라

(공자가 말하였다. 역(易)이라는 것은 어찌하여 만든 것일까? 역(易)이란 사물(事物)을 열고 업무(業務)를 이루어서[夫易開物成務] 천하의 모든 도(道)를 덮으니, 이와 같을 따름이다. 이런 까닭에 성인(聖人)은 이로써 천하의 뜻을 통하며, 천하의 업(業)을 정하며, 천하의 의문(疑問)을 판단하는 것이다.)

「開物」이란 사람의 미개발된 지혜를 열어 주는 것이며, 「成務」란 사람이 마땅히 해야 하는 일을 정하여 주는 것, 즉 괘(卦)를 판단(判斷)하여 천하의 사업을 행하도록 해 주는 것을 말합니다. 따라서 개물성무는 주나라 효시였던 문왕이 그랬듯 '새로운 문명을 여는 공'에 바쳐지는 표현입니다. 주나라는 동양 역사에서 은나라와 대비하여 큰 의의가 있는 왕조인데, 주술 문화가 지배 이념이었던 은왕조에 비해 유교의 기초라 할 수 있는 주역의 제 원리들을 바탕으로 한층 합리적인 세계관을 연 왕조로 평가되기 때문입니다. 세종대왕의 업적이 개물성무의 큰 지혜라 찬양한 것은 훈민정음의 의의를 새 문명 개시라는 거시적 차원으로 자평한 것으로 볼 수 있습니다.

당시 조선의 모든 기록을 명나라가 볼 수 있는 상황이었음을 감안하면 위와 같은 표현들은 조선 사대부들의 문화적 자부심이 명을 초월한다는 천명이므로 그 주체적 역사 의식은 새롭게 조명할 충분한 가치가 있습니다.

요컨대 정인지 후서는 훈민정음 창제 원리의 당위성, 보편성과 그 공적 효용을 천명하고 창제의 의미를 새 문명 개시로 선언하고 있습니다.

해례본 제자해

〈제자 원리〉

天地之道, 一陰陽五行而已. 坤復之間爲太極, 而動靜之後爲陰陽.

천지지도, 일음양오행이이. 곤복지간위태극, 이동정지후위음양.

凡有生類在天地之間者, 捨陰陽而何之. 故人之聲音, 皆有陰陽之理

범유생류재천지지간자, 사음양이하지. 고인지성음, 개유음양지리

顧人不察耳. 今正音之作, 初非智營而力素, 但因其聲音而極其理而已.

고인불찰이. 금정음지작, 초비지영이력색, 담인기성음이극기리이이.

理既不二, 則何得不與 天地鬼神同其用也.

리기불이, 즉하득불여 천지귀신동기용야.

正音二十八字 各象其形而制之.

정음이십팔자 각상기형이제지.

(천지 자연(우주 만물)의 원리는 하나의 음양오행일 뿐이다. 곤(坤)과 복(復)의 사이를 태극이라 하고 움직이고, 멈춘 후를 음양이라 한다. 무릇 하늘과 땅의 사이에 있는 모든 생명 있는 것들은 어떻게 음양을 버리겠는가. 그러므로 사람의 성음에도 모두 음양의 이치가 있는데, 사람들이 살펴서 깨닫지 못한 것뿐이다. 이제 정음을 만드는 것은 처음부터 슬기로 마련하고, 애써 찾은 것이 아니라, 다만 성음에 바탕한 이치를 다한 것뿐이다. 이치가 이미 둘이 아니니 어찌 천지 귀신과 더불어 그 쓰임이 같지 않을 수 있겠는가? 훈민정음 스물여덟 자는 각각 그 모양을 본떠서 만들었다.)

첫 두 문장은 성리학의 인식 틀을 잘 보여 주고 있습니다. '일음양오행'은 현대어로 번역한 것보다 깊은 뜻이 있습니다. 성리학에서 一은 단지 세는 수로서 의미뿐 아니라 '태극'이자 오행으로는 '수(水)'라는 의미를 함께 가집니다. 태극-음양-삼재-사상-오행이라는 성리학적 개념은 숫자로 각각 1-2-3-4-5를 뜻하며, 이 역시 셈으로서의 의미에 그치지 않고 자연이 변화해 가는 일반 패턴을 지시하는 뜻도 겸하고 있습니다. 그러므로 '일음양오행'이란 표현은 음양오행이 만물을 관통하는 원리라는 일반적 수사가 아니고 성리학 인식 틀의 기본 구조를 보여 주는 문장입니다.

구체적으로 이 문장은 주희의 「태극도설」 내용을 요약한 것입니다. 태극에서 음양으로, 다

시 오행으로 확장되어 가서 더욱 복잡한 천변만화(千變萬化)를 일으키며, 그러한 변화는 다시 주역의 건곤이라는 괘로도 표현된다는 것이 그 진의입니다.

다음이 태극도설의 도입부 문장과 그림입니다.

無極而太極(무극이태극)—무극이면서 태극이니,

太極動而生陽(태극동이생양)—태극이 움직여서 양을 생성하고,

動極而靜(동극이정)—움직이는 것이 지극해서 고요하며,

靜而生陰(정이생음)—고요해서 음을 낳고,

靜極復動(정극복동)—고요함이 지극하면 다시 움직이나니,

一動一靜 互爲其根(일동일정 호위기근)—한 번 움직이고 한 번 고요한 것이 서로 그 뿌리가
　　되며,

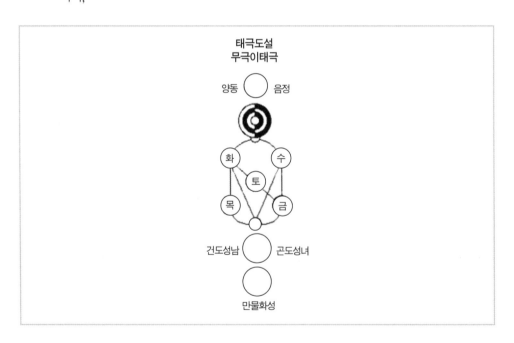

分陰分陽 兩儀立焉(분양분음 양의입언) ─ 음으로 나뉘고 양으로 나뉘어 두 가지 모양이 세워

　지도다.

陽變陰合(양변음합) ─ 양이 변하면서 음을 합하여,

而生水火木金土(이생수화목금토) ─ 수, 화, 목, 금, 토의 오행이 생성되며,

五氣順布(오기순포) ─ 다섯 가지의 기운이 골고루 펼쳐져

四時行焉(사시행언) ─ 춘하추동 사시의 계절이 운행되도다.

五行一陰陽也(오행일음양야) ─ 오행은 하나의 음양이요,

陰陽一太極也(음양일태극야) ─ 음양은 바로 하나의 태극이니,

太極本無極也(태극본무극야) ─ 태극은 본래 무극이도다.

이어지는 문장들에서는 훈민정음의 제자 원리가 이와 같은 보편타당한 인식 틀에서 자연과 사람의 소리 범주 분류를 발견한 것이므로 인위적, 작위적 소산이 아님을 밝히고 있습니다.

마지막 문장(各象其形而制之, 각상기형이제지) 역시 해석에 주의를 요합니다. 동양 사상, 특히 주역에서 **상과 형은 천지나 음양처럼 대구를 이루는 개념** 낱말입니다. 전자가 기미와 징조라면 후자는 틀을 갖추고 현상한 것을 말합니다. 그리고 어조사 '기(其)'는 지시어로 쓰이는데, 이미 위에서 계속 '기리', '기용'이란 표현을 쓰면서 음양오행의 만물 적용을 말하고 있으므로, 여기서도 역시 '그 기'자가 지시하는 바는 음양오행일 수밖에 없습니다. 즉 **음양오행은 상으로도 나타나고 형으로도 나타나는바 정음 28자는 각각의 음소가 음양오행의 틀을 본떴다는 뜻**입니다. 이 문장에 대한 지금까지의 통설적인 해석은 정음 28자가 아설순치후로 표시되는 발음 기관 모양을 그대로 본떴다는 설입니다. 그러나 이는 성리학 개념이 가지고 있는 관용적 쓰임새를 무시한 해석이기도 하고, 무엇보다 실제 모양이 그런 일대일 대응 관계가 전혀 나오지 않는다는 것이 자명합니다. 가령, 이 문장에서는 분명히 28자가 모두 각

상기형에 해당한다고 밝히고 있지만, 모음 발음에는 발음 기관을 가리키는 아설순치후 개념이 적용되지 않습니다. ㄱ, ㄴ, ㅁ 등 자음에는 발음 기관을 본떴다는 주장이 타당하지만, 아, 우, 어 등의 모음은 발음 기관이 아니라 소리의 깊고 얕음으로 구별될 뿐입니다. 순음처럼 입술을 닫고 모음을 발음할 수는 없는 노릇입니다. 따라서 여기 '상기형'은 발음 기관 모양에 국한된 말일 수 없습니다. 자음은 아설순치후, 모음은 심천합벽이라 표현하는데, 이는 모두 오행의 변환이므로 '기형'은 오행의 분류 틀이고, '상'은 추상적 오행 범주의 응용이란 의미로 해석하는 것이 옳습니다.

〈자음〉

初聲凡十七字. 초성범십칠자

牙音ㄱ 象舌根閉喉之形. 아음ㄱ, 상설근폐후지형

舌音ㄴ 象舌附上腭之形, 설음ㄴ, 상설부상악지형

脣音ㅁ 象口形. 순음ㅁ, 상구형

齒音ㅅ 象齒形. 치음ㅅ, 상치형

喉音ㅇ 象喉形. 후음ㅇ 상후형

ㅋ比ㄱ 聲出稍厲 故加劃. ㅋ비ㄱ 성출초려 고가획

ㄴ而ㄷ ㄷ而ㅌ ㅁ而ㅂ ㅂ而ㅍ ㅅ而ㅈ ㅈ而ㅊ ㅇ而ㆆ ㆆ而ㅎ

其因聲加劃之義皆同 기인성가획지의개동

而唯ㆁ爲異. 이이ㆁ위이

半舌音ㄹ 半齒音ㅿ 亦象舌齒之形而異其體 無加劃之義焉.

반설음ㄹ 반치음ㅿ 역상설치지형이이기체 무가획지의언.

(초성은 모두 열일곱 자이다.

아음(어금닛소리) ㄱ은 혀뿌리가 목구멍을 막는 모양을 본뜨고,

설음(혓소리) ㄴ은 혀(끝)가 윗잇몸에 붙는 모양을 본뜨고,

순음(입술소리) ㅁ은 입 모양을 본뜨고,

치음(잇소리) ㅅ은 이빨 모양을 본뜨고,

후음(목구멍소리) ㅇ은 목구멍의 모양을 본뜬 것이다.

ㅋ은 ㄱ에 비하여 소리 나는 게 세게 나는 까닭으로 획을 더하였다.

ㄴ에서 ㄷ, ㄷ에서 ㅌ, ㅁ에서 ㅂ, ㅂ에서 ㅍ, ㅅ에서 ㅈ, ㅈ에서 ㅊ, ㅇ에서 ㆆ, ㆆ에서 ㅎ으로 그 소리(의 세기)를 바탕으로 획을 더한 뜻은 모두 같다.

그러나 오직 ㆁ이 된 것은 다르다.

반설음 ㄹ과 반치음 ㅿ 역시 혀와 이의 모양을 본떠서 그 모양을 달리했지만 그 바탕이 달라 획을 더한 의미는 없다.)

아설순치후의 기본자 ㄱ, ㄴ, ㅁ, ㅅ, ㅇ과 그로부터 획을 더한 원리로 나머지 자가 나옴을 설명하고 꼭지 이응과 반설, 반치음의 특이성을 밝히고 있습니다. ㆁ이 발생 순서상 기본자가 되어야 하지만 기본자로 사용하지 않는 이유에 대해서는 이어지는 뒷부분에서 그 이유를 다음과 같이 밝히고 있습니다.

唯牙之ㆁ 雖舌根閉喉聲氣出鼻, 而其聲與ㅇ相似, 故韻書疑與喻多相混用

후아지ㆁ 수설근폐후성기출비, 이기성여ㅇ상사, 고운서의여유다상혼용

今亦取象於喉 而不爲牙音制字之始. 盖喉屬水而牙屬木 ㆁ雖在牙而與ㅇ相似, 猶木之萌 芽生於水 而柔軟 尙多水氣也.

금역취상어후 이불위아음제자지시. 개후속수이아속목 ㆁ수재아이여 ㅇ상사, 유목지맹

아생어수 이유연 상다수기야.

(다만, 어금닛소리(아음)의 ㆁ은 비록 혀뿌리가 후두를 막아 소리의 기운이 코로 나오지만, 그 소리가

ㅇ과 비슷하여 운서에서도 ㆁ가 초성인 의(疑)자와 ㅇ이 초성인 유(喩)자가 자주 서로 섞여 사용된다.

(따라서) 지금 (ㆁ자를) 목구멍에서 본떠 만들었으나, 어금닛소리의 글자를 만드는 기본으로 삼지 않

은 것은 대개 목구멍은 물(오행의 水)에 속하고, 어금니는 나무(오행의 木)에 속하여 ㆁ은 비록 아음이

지만, ㅇ과 비슷하여 마치 나무의 싹이 물에서 나지만 부드러워서 오히려 물기운이 많음과 같기 때문

이다.)

오행의 상생 논리는 목화토금수 → 목~으로 순환적으로 이어집니다. 그래서 수에서 막 나온

ㆁ이 후음과 소리가 잘 구별되지 않아 실용적으로는 기본자로 쓸 실익이 없다는 것입니다.

그러므로 아음의 경우 발생 원리상으로는 ㆁ, ㄱ, ㅋ가 3자가 되어야 하지만 실제 사용할 때

는 ㄱ, ㅋ, ㄲ가 됩니다. 전청자(3자 중 중간자)를 병서하여 강조를 나타내는 규칙에서 나타나

는 쌍자음이 예외적으로 밀고 들어온 셈입니다. 결과적으로 **해례본에는 ㆁ, ㄱ, ㅋ와 ㄱ, ㅋ,**

ㄲ 2가지의 아음 순서가 나오는 것입니다. 그러나 이 둘 중 어느 하나가 맞거나 틀린 것이 아

니고 위와 같은 이유로 발생과 실용으로 나뉘어 있을 뿐입니다.

한편, 반설, 반치음은 또 다른 논리가 전제되어 있습니다. 오늘날 우리는 '역상설치지형이이기

체(亦象舌齒之形而異其體)'라는 문장에서 '이체자'라는 용어를 도출해 사용하고 있습니다. 그리고

이 이체의 의미를 대개 '예외 규정' 정도로만 이해하고 있습니다. 그러나 보다시피 실제 문장은

'이체'가 아니고 '이기체'입니다. 그리고 이 '기'는 지시어로 그 내용이 '음양오행'이라고 앞서

밝혔습니다. 그렇다면 **'이기체'는 '음양오행의 바탕이 다르다.'로 번역되어야 합니다.** 이것이

무슨 뜻일까요?

　음양오행론에서는 오행 중 수를 태극으로 봅니다. 숫자로 1입니다. 만물은 태극에서 시작해서 태극으로 되돌아온다고 보기에 태극은 존재의 기원과 목적지를 겸하고 있어서 서구의 유일신과 같은 위상을 가집니다. 그런데 태극이 존재의 본체이지만 운동 변화를 이끌어 나가는 역할은 오행 중 토가 한다고 봅니다. 본체인 수태극을 변화의 주체인 토가 이끌고 순환 운동을 일으킨다는 논리입니다. 그래서 만물 변화를 수토합덕(水土合德)이라는 관용어로 표현하기도 하는 것입니다. 동양에서 흔히 쓰는 체용의 관점에서 보면 바탕인 체에서는 수가 주인공이지만 변화인 용에서는 토가 주인공이란 말이기도 합니다. 이처럼 주인공의 역할을 하는 오행에는 '극(極)'이란 말을 붙여 사용하는데 숫자 1＝수이고 태극입니다. 숫자 5＝토이고 황극이라 합니다. 숫자 10＝토이고 무극이라고 합니다. 이 토를 그 변화 주도의 역할상 '천'이라고 하거나 변화 과정의 설명에서는 별다른 설명 없이 '체'라고 사용하기도 합니다. 나중에 볼 모음의 도출에서 '하늘'이라 표현된 것은 예외없이 바로 이 토를 칭하는 것이란 게 대표적인 예입니다. 그런데 오행을 사시사방(계절과 방위)에 대입했을 때, 변화의 주인공(＝체, 體)인 토는 4개가 나오는데, 이 중의 하나, 미토는 다른 진, 술, 축토와 아주 다른 성질을 가지고 있습니다.

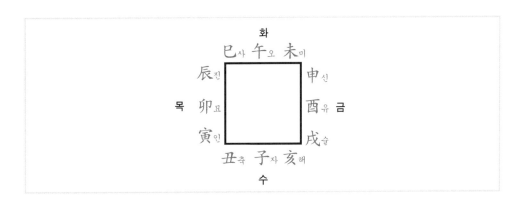

앞 그림에서 술토는 금에서 수로 전환을 주도합니다. 축은 수에서 목, 진은 목에서 화로 전환을 주도합니다. 그런데 이 오행들의 관계는 모두 '상생'관계입니다. 이들과 달리 미토는 화에서 금으로 변화를 중개하는데, 화금 관계는 상생이 아니고 '상극'의 관계에 있습니다. 설음과 치음이 오행 중 화와 금에 해당하는데, 이 사이는 다른 음들과 달리 순순히 순환 운동이 이어지지 않고 양권에서 음권으로 전환이 급격히 이루어지는 곳입니다. '음양오행의 바탕이 다르다.'고 한 표현은 바로 미토의 특별성을 두고 한 표현입니다. 오행론에서 다른 토들은 숫자 5를 그 값으로 갖지만 미토에는 10이 부여됩니다. 이는 자연 순환에서 이 시공간에서 격렬한 변화가 많이 일어난다는 의미이기도 하며 자연이 양-음-양의 선순환이 되기 위해서는 분산적인 양이 수축적인 음으로 전환하는 꼭짓점이 필요하고 그 꼭짓점에서는 화기운을 억제, 완화시키고 이를 금기운으로 이어 주는 어떤 특별한 작용이 있어야 한다는 뜻이기도 합니다.

아설순치후(목화토금수)×3을 위 사계판에 배치하면 15자가 나오는데, 화와 금 사이는 토의 성격이 상이하므로 '그 체(=토)의 성격이 다르다.'는 뜻으로 '이기체'란 표현이 나오고 그 역할에 해당하는 글자가 부여됩니다. 그것이 이체자인 ㄹ과 ㅿ입니다. 다른 자음들이 오행값을 가지듯 이체자들과 오행의 의미에 더하여 화와 금을 중개하는 '금화교역'의 뜻을 가집니다. 구체적으로 ㄹ은 '회전 운동'의 역할(양의 분산을 되돌려 억제하는 역할)을 하며 ㅿ은 그렇게 억제된 양 기운을 머금고 화에서 금으로 넘어가는 초기 상태를 뜻하게 됩니다. 이렇게 보면 자음 17자 중 규칙적인 질서에 어긋나는 예외는 없습니다. 지금까지 이체자에 대한 이해는 훈민정음에 깔려 있는 주역의 논리를 고려하지 않고 나온 것이어서 음소 도출 원리의 예외로 두었지만 이체자는 그 존재도 역할도 위처럼 분명한 것입니다.

夫人之有聲, 本於五行. 故合諸四時而不悖, 叶之五音而不戾

부인지유성, 본어오행. 고합제사시이불패, 협지오음이불려

喉邃而潤 水也. 聲虛而通 如水之虛明而流通也. 於時爲冬 於音爲羽.

후수이윤 수야. 성허이통 여수지허명이유통야. 어시위동 어음위우.

牙錯而長 木也. 聲似喉而實 如木之生於水而有形也. 於時爲春 於音爲角.

아착이장 목야. 성사후이실 여목지생어수이유형야. 어시위춘 어음위각.

舌銳而動 火也. 聲轉而颺 如火之轉展而陽陽也. 於時爲夏 於音爲徵.

설예이동 화야. 성전이양 여화지전전이양양야. 어시위하, 어음위치.

齒剛而斷 金也. 聲屑而滯 如金之屑瑣而鍛成也. 於時爲秋 於音爲商.

치강이단 금야. 성설이체. 여금지설쇄이단성야. 어시위추 어음위상.

脣方而合 土也. 聲含而廣 如土之含蓄萬物而廣大也. 於音爲季夏 於音爲宮.

순방이합 토야. 성합이광 여토지함축만물이광대야. 어시위계하 어음위궁.

然水乃生物之源 火乃成物之用 故五行之中 水火爲大. 喉乃出聲之門 舌乃辨聲之管 故五音之
中 喉舌爲主也.

연수내생물지원 화내성물지용 고오행지중 수화위대. 후내출성지문 설내변성지관 고오음지
중 후설위주야.

喉居後而牙次之 北東之位也. 舌齒又次之 南西之位也.

후거후이아차지 동북지위야. 설치우차지 남서지위야.

脣居末 土無定位而寄 旺四季之義也. 是則初聲之中 自有陰陽五行方位之數也.

순거말 토무정위이기 왕사계지의야. 시즉초성지중 자유음양오행방위지수야.

(무릇 사람이 말소리를 내는 것은 오행에 근본이 있는 것이므로 이를 4계절에 어울려 보아도 어그러
짐이 없고, 오음(우각치상궁)에 맞춰 보아도 틀리지 않다.

목구멍은 (입안의) 깊은 곳에 있고, 젖어 있으니 (오행으로 보면) 물(水)이다. 소리는 허하고 통하여, 물이 맑아 훤히 들여다보이고, 두루 통하는 것과 같다. 4계절로는 겨울에 속하고, 5음으로는 우(羽)음에 속한다.

어금니는 어긋나고 길어서, 오행의 나무(木)에 해당한다. 어금닛소리는 목구멍소리와 비슷해도 실하기 때문에 나무가 물에서 생겨나지만 형체가 있는 것과 같다. 4계절로는 봄에 속하고, 5음으로는 각(角)음에 속한다.

혀는 날카롭고 움직여서 오행의 불(火)에 해당한다. 소리가 구르고 날리는 것은 불이 이글거리며 활활 타오르는 것과 같다. 4계절로는 여름에 속하고, 5음으로는 치(徵)음에 속한다.

이는 단단하고 (무엇을) 끊으니 오행의 쇠(金)에 해당한다. 이 소리가 부스러지고 엉기는 것은 마치 쇳가루가 부서지면서 단련되는 것과 같다. 4계절로는 가을에 속하고, 5음으로는 상(商)음에 속한다.

입술은 모나며 합해지므로 오행의 흙(土)에 해당한다. 입술소리가 머금고 펼침이 흙이 만물을 품었다가 널리 펼치는 것과 같다. 4계절로는 늦여름에 속하고, 5음으로는 궁(宮)음에 속한다.

그런데 물은 (모든) 생물의 근원이요 불은 (모든) 생물을 이루는 데 쓰이기 때문에, 오행 가운데 물과 불이 가장 중요하다. 목구멍은 소리를 내는 문이요, 혀는 소리를 구별하는 기관이기 때문에 오음 중에 후음과 설음이 주가 된다.

목구멍은 뒤에 있고, 어금니는 그 다음이므로 목구멍소리는 북쪽, 어금닛소리는 동쪽이다. 혀와 이가 그 다음이므로, 혓소리는 남쪽, 잇소리는 서쪽이다. 입술은 맨 끝에 있으니 흙은 일정한 방위 없이 (북동남서쪽에) 붙어서 4계절을 왕성하게 하는 뜻이 있다. 이런즉, 초성 가운데는 스스로 음양오행, 방위의 수가 있다.)

본격적으로 소리의 오행 성질을 설명하는 대목입니다. 주목할 것은 소리는 성(聲)이라 하고 다시 음(音)이란 자를 구별해서 사용하고 있는데, 성과 음을 구별해 사용할 때는 사람의 말소

하늘에서 온 글, 한글

리와 그보다 넓은 자연의 소리 관계란 뜻으로 쓰입니다. 말소리와 자연의 음이 오행을 매개로 공유 성질이 있다는 설명입니다. 물론 글자가 오행 성질을 띠는 한 그것은 일정한 기운과 뜻을 가지게 됩니다. 아설순치후=목화토금수=각치궁상우가 됩니다.

이 대목에서는 수목화·금/토의 순서로 음소 성질을 설명하고 있습니다. 앞서 나온 목화토금수와 다른 차례를 보여 줍니다. 그렇게 하는 이유는 천간에서 도출되는 자음도 4시 4방에 부합한다는 것을 보여 주기 위해서입니다. 자연을 4상(象)으로 표현할 때는 토를 별도로 분리합니다. 4상은 겉으로 나타난 현상을 보여 주고 토는 보이지 않는 곳에 숨어(그 위치는 중앙이기도 하고 각 방위에 스며든 것이기도 합니다. 가령, 임묘진=목의 진, 사오미=화의 미가 토입니다.) 4상이라는 공간 구조를 움직여 내는 동력원의 역할을 한다고 봅니다. 결과적으로 해례본은 **목화토금수라는 천간 상생 순서와 수목화금/토라는 사시 순환의 순서를 결합**함으로써 자음이 가진 근본 성질은 오행의 천간과 같은 것이지만 그것이 일반적인 자연 계절의 성질과도 부합한다고 말하고 있습니다. 끊임없이 소리와 글자의 성질을 자연에 기초해 설명하고 있는 것입니다.

오음 중 물과 불에 해당하는 후음과 설음이 중요하다는 것은 기(氣)와 질(質)의 구별을 뜻합니다. 선후 관계에서 먼저 형성되는 것이 기이고, 기의 집합으로 이루어지는 것을 질이라 합니다. 때문에 선행하는 기가 후행하는 질의 바탕이 됩니다. 오행을 기운의 발생 순서로 정렬하면 수화목금·토가 됩니다.

> ㄴㅁㅇ 其聲最不厲 故次序雖在於後 而象形制字則爲之始. ㅅㅈ雖皆爲全淸 而ㅅ比ㅈ 聲不
> 厲 故亦爲制字之始.
> ㄴㅁㅇ 기성최불려 고차서수재어후 이상형제자즉위지시. ㅅㅈ수개위전청 이ㅅ비ㅈ 성불
> 려 고역위제자지시.

唯牙之ㆁ 雖舌根閉喉聲氣出鼻, 而其聲與ㅇ相似, 故韻書疑與喻多相混用

후아지ㆁ 수설근폐후성기출비, 이기성여ㅇ상사, 고운서의여유다상혼용

今亦取象於喉 而不爲牙音制字之始. 盖喉屬水而牙屬木 ㆁ雖在牙而與ㅇ相似,

猶木之萌 芽生於水 而柔軟 尙多水氣也.

금역취상어후 이불위아음제자지시. 개후속수이아속목 ㆁ수재아이여 ㅇ상사,

유목지맹 아생어수 이유연 상다수기야.

ㄱ木之成質. ㅋ木之盛長. ㄲ木之老壯. 故至此乃皆取象於牙也.

ㄱ목지성질. ㅋ목지성장. ㄲ목지노장. 고지차내개취상어아야.

(ㄴㅁㅇ은 그 소리가 가장 거세지 않은 까닭으로 차례는 비록 뒤에 있지만 모양을 본떠서 글자를 만드는 기본으로 삼았다. ㅅㅈ은 비록 모두 전청자이지만, ㅅ이 ㅈ에 비하여 소리가 거세지 않은 까닭으로 (ㅅ을 치음) 글자 만드는 기본으로 삼았다. 다만, 어금닛소리(아음)의 ㆁ은 비록 혀뿌리가 후두를 막아 소리의 기운이 코로 나오지만, 그 소리가 ㅇ과 비슷하여 운서에서도 ㆁ가 초성인 의(疑)자와 ㅇ이 초성인 유(喻)자가 자주 서로 섞여 사용된다. (따라서) 지금 (ㅇ자를) 목구멍에서 본떠 만들었으나, 어금닛소리의 글자를 만드는 기본으로 삼지 않은 것은 대개 목구멍은 물(오행의 水)에 속하고, 어금니는 나무(오행의 木)에 속하여 ㆁ은 비록 아음이지만, ㅇ과 비슷하여 마치 나무의 싹이 물에서 나지만 부드러워서 오히려 물기운이 많음과 같기 때문이다. ㄱ은 나무가 바탕을 이룬 것이요, ㅋ은 나무가 성장한 것이요, ㄲ은 나무가 나이 들어 씩씩하게 된 것이니 여기까지 모두 어금니에서 상을 취한 것이다.)

여기서 주요한 부분은 아음의 기본자를 ㆁ을 쓰지 않게 된 까닭과 음소의 3단계 변화를 명시한 것입니다. 전자에 대해서는 앞서 살펴보았습니다. 후자는 훈민정음 전체에서 가장 중요한 시사점을 줍니다. 목의 상태 변화로 3단계를 제시하는 논리가 그것입니다. 왜 3단계 변화인

하늘에서 온 글, 한글

가? 그런 분화 패턴에 어떤 법칙이 있는 것이라면 각 단계의 성질은 어떻게 부여되는가? 이 질문에 대한 답을 구하는 것이야말로 음소가 표의성이 있다는 정인지의 주장을 뒷받침하는 것이 될 것입니다.

　　오행으로 만물을 설명할 때 분화의 방식은 1 → 3으로 진행됩니다. 1수인 태극이 2화의 열기를 받아 3목으로 분화한다는 논리입니다. 수로는 4와 5가 있지만 실제 자연에서 4와 5는 분화 과정이 아니고 4인 금은 3까지 분화된 사물이 수축하는 과정이며 5는 앞선 모든 과정들이 종합되어 새로운 1단계로 넘어가는 과정입니다. 따라서 만물의 실제 변화는 1에서 3으로 분화가 일반적이라고 봅니다. 노자 『도덕경』 42장에서도 "일생이 이생삼 삼생만물"이라며 이러한 시각을 보여 주고 있습니다. **이렇게 3분화된 상태인 3재는 추상적으로는 '천지인'이라 표현되고 성질에 따라 '본중말(本中末)' 혹은 '생왕고(生旺庫, 생겨나고 왕성해지고 저장됨)'로도 표현됩니다. 제자해의 설명처럼 목이 3분화되는 것이라면 나머지 오행도 모두 3분화됩니다. 따라서 5×3=15의 음소가 도출되고 여기에 금화교역의 특별한 기운에서 파생된 이체자 2가 붙여져 17자 자음이 완성됩니다.** 이러한 오행의 3분화를 '오행의 삼오분기'라고 하고 각 과정에는 그 특유의 성질을 설명하는 개념이 붙어 있습니다. 동양의학의 경전인 『황제내경』의 설명을 다시 정리한 한동석 선생에 따르면 그 변화 내용은 다음과 같습니다.

구분	평기(平氣)	불급지기(不及之氣)	태과지기(大過之氣)
목기(木氣)	부화(敷和)	위화(委和)	발생(發生)
화기(火氣)	승명(升明)	복명(伏明)	혁희(赫曦)
토기(土氣)	비화(備化)	비감(卑監)	돈부(敦阜)
금기(金氣)	심평(審平)	종혁(從革)	견성(堅成)
수기(水氣)	정순(靜順)	학류(涸流)	유연(流衍)

『우주변화의 원리』(대원출판, 한동석. p 92).

이상 15개 개념을 간단히 설명하면 다음과 같습니다.

평기 (중)	목	부화	일직선으로 뻗어 나감
	화	승명	명(明)을 발전시켜 상승하게 함
	토	비화	모든 음양의 과불급을 조절하는 중화지기
	금	심평	맹폭이 되지 않게 양을 살펴 보호함
	수	정순	정적이고 순함
불급지기 (본)	목	위화	위압으로 인해 굽어짐
	화	복명	빛이 숨음
	토	비감	팽창이 이루어지지 못하고 퍼짐
	금	종혁	화(火)의 포장이 미비한 상(象)
	수	학류	물의 흐름이 일시적으로 막히는 상
태과지기 (말)	목	발생	목의 발전이 과하여 폭발함
	화	혁희	일광이 폭사하는 상
	토	돈부	두터워진 상
	금	견성	표면이 굳어지는 상
	수	유연	움직일 요인은 있으나 아직 움직이지 못하는 상

제자해의 설명을 추론하자면 자음 15개 하나하나가 위 삼오분기 15개에 대응하는 것입니다. 가령, 아음에서 ㆁ가 위화라면 ㄱ은 부화가 되고 ㅋ은 발생이 됩니다. 같은 방식으로 설음에서 ㄴ이 복명이면 ㄷ은 승명이 되고 ㅌ은 혁희가 됩니다. 순음에서는 ㅁ이 비감, ㅂ이 비화, ㅍ이 돈부가 됩니다. 치음에서는 ㅅ이 종혁, ㅈ이 심평, ㅊ이 견성이 됩니다. 후음에서는 ㅇ이 학류, ㆆ가 정순, ㅎ이 유연이 됩니다. 이러한 순서는 천지인, 본중말, 생왕고의 의미에 모두 부합하고 4계절을 3분화한 12지지에도 대입됩니다.(삼오분기가 15개인 데 비해 지지는 12개이고 계절순 3개씩이라 토 3개는 예외) 이를 표로 정리하면 다음과 같습니다.

하늘에서 온 글, 한글

오행	소리	상태/지지 배속		삼오분기	자음	파생 확장 의미
목	아(각)	본/천/생	인	위화	ㆁ	어린 씨앗
		중/지/왕	묘	부화	ㄱ	장성한 목, 추진력, 굽음
		말/인/고	진	발생	ㅋ	고목
화	설(치)	본/천/생	사	복명	ㄴ	밝음, 오름, 빛
		중/지/왕	오	승명	ㄷ	이지러짐, 닿음, 열
		말/인/고	미	혁희	ㅌ(ㄹ)	재가 됨, 극단, 최종(반복, 회전)
토	순(궁)	본/천/생	※(음토)	비감	ㅁ	구별되지 않게 뭉침
		중/지/왕	※(양토)	비화	ㅂ	분리, 분산, 뚜렷한 식별
		말/인/고	※(음토)	돈부	ㅍ	퍼짐, 횡으로 운동
금	치(상)	본/천/생	신	종혁	(ㅿ)ㅅ	(품은) 강함, 굳힘
		중/지/왕	유	심평	ㅈ	억제함, 좁고 작음
		말/인/고	술	견성	ㅊ	새로운 발생
수	후(우)	본/천/생	해	학류	ㅇ	음적인 태극, 근원, 영원
		중/지/왕	자	정순	ㆆ	억제된 태극
		말/인/고	축	유연	ㅎ	양적인 태극, 드러난 근원

소리와 글자가 오행과 연결됨으로써 뜻을 가진다고 하는 정인지의 주장이 구체적으로는 이 표처럼 나타나는 것입니다. 뒤에 볼 **모음의 하도 배속과 함께 이러한 과정들로 음소가 표의성을 띠게 되고, 그러한 음소들이 회의 문자처럼 합하여 음절을 이루면, 그 음절은 자연히 음소 조합에 따른 종합 의미를 갖게 됩니다.** 이는 지금까지 조명되지 않았던 새로운 해석이지만 해례본 제자해에 위와 같이 그 근거가 뚜렷이 명시되어 있습니다. 더 이상 한글은 표음 문자로 불려서는 안 됩니다. 우리 모국어가 **음소 자질 문자일 뿐 아니라 표의성을 겸**하고 있다는 사실이 이제는 국민적 교양이 되어야 할 것입니다.

〈모음〉

- 舌縮而聲深 天開於子也. 形之圓 象乎天地. ㅡ舌小縮而聲不深不淺, 地闢於丑也. 形之平 象乎地也. ㅣ舌不縮而聲淺 人生於寅也. 形之立 象乎人也.

- 설축이성심 천개어자야. 형지원 상호천야. ㅡ설소축이성불심불천, 지벽어축야. 형지평 상호지야. ㅣ설북축이성천 인생어인야. 형지립 상호인야.

ㅗㅏㅜㅓ 始於天地 爲初出也. ㅗㅏㅜㅓ 시어천지 위초출야

ㅛㅑㅠㅕ 起於ㅣ而兼乎人 爲再出也. ㅛㅑㅠㅕ 기어ㅣ이겸호인 위재출야

ㅗㅏㅜㅓ之一其圓者 取其初生之義也. ㅗㅏㅜㅓ 지일기원자 취기초생지의야.

ㅛㅑㅠㅕ之二其圓者 取其再生之義也. ㅛㅑㅠㅕ 지이기원자 취기재생지의야.

(•는 혀가 오그라져 소리가 깊으니 하늘이 子時에 열린 것과 같이 맨 먼저 만들어졌다. 둥근 모양은 하늘을 본떴다. ㅡ는 혀가 조금 오그라져 소리가 깊지도 얕지도 않으니 땅이 丑時에 열린 것처럼 2번째로 만들어졌다. 평평한 모양은 땅을 본떴다. ㅣ는 혀가 오그라지지 않아 소리가 얕으니 사람이 寅時에 생긴 것처럼 3번째로 생겼다. 일어선 모양을 한 것은 사람을 본떴다.

ㅗ, ㅏ, ㅜ, ㅓ는 하늘과 땅에서 비롯되어, 처음으로 생긴 것이다.

ㅛ, ㅑ, ㅠ, ㅕ는 ㅣ에서 일어나 사람을 겸하여 두 번째로 생긴 것이다.

ㅗ, ㅏ, ㅜ, ㅓ가 둥근 것을 하나로 함은 처음에 생긴 뜻을 나타내고,

ㅛ, ㅑ, ㅠ, ㅕ가 둥근 것을 둘로 함은 두 번째로 생긴 뜻을 나타낸다.)

- •之貫於八聲者 猶陽之統陰而周流萬物也. • 지관어팔성자 유양지통음이주류만물야.

ㅛㅑㅠㅕ之皆兼乎人者 以人爲萬物之靈 而能參兩儀也. ㅛㅑㅠㅕ 지개겸호인자 이인위만물지령 이능참양의야.

取象於天地人 而三才之道備矣. 취상어천지인 이삼재지도비의.

然三才爲萬物之先 而天又爲三才之始 猶·⼀ㅣ三字爲八聲之首 而·又爲三字之冠也.

연삼재위만물지선 이천우위삼재지시 유·ㅡㅣ 삼자위팔성지수 이·우위삼자지관야.

(·가 여덟 소리에 두루 사용된 것은 양이 음을 거느리며 온갖 사물에 두루 미침과 같다.

ㅛ, ㅑ, ㅠ, ㅕ가 모두 사람을 겸함은 사람은 만물의 영장으로 능히 음양에 참여할 수 있기 때문이다.

하늘과 땅과 사람의 모양을 취하므로 三才의 이치를 갖추느니라.

그러나 三才가 만물의 앞이더라도 하늘이 또한 三才의 시작이니 ·, ㅡ, ㅣ 석 자가 여덟 소리의 머리

가 되며 다시 ·가 석 자의 으뜸이 되었다.)

ㅗ初生於天 天一生水之位也. ㅗ초생어천 천일생수지위야.

ㅏ次之 天三生木之位也. ㅏ차지 천삼생목지위야.

ㅜ初生於地 地二生火之位也. ㅜ초생어지 지이생화지위야.

ㅓ次之 地四生金之位也. ㅓ차지 지사생금지위야.

ㅛ再生於天 天七成火之數也. ㅛ재생어천 천칠성화지수야.

ㅑ次之 天九成金之數也. ㅑ차지 천구성금지수야.

ㅠ再生於地 地六成水之數也. ㅠ재생어지 지육성수지수야.

ㅕ次之 地八成木之數也. ㅕ차지 지팔성목지수야.

(ㅗ는 하늘에서 먼저 생겼는데, 天數 1은 물을 낳는 자리이다.

ㅏ는 그 다음으로, 天數 3은 나무를 낳는 자리이다.

ㅜ는 땅에서 처음 생겼는데, 地數 2는 불을 낳는 자리이다.

ㅓ는 그 다음으로, 地數 4는 쇠를 낳는 자리이다.

ㅛ는 하늘에서 두번째로 생겼는데, 天數 7은 불을 성숙시키는 자리이다.

ㅑ는 그 다음으로, 天數 9는 쇠를 성숙시키는 자리이다.

ㅠ는 땅에서 두번째로 생겼는데, 地數 6은 물을 성숙시키는 자리이다.

ㅕ는 그 다음으로, 地數 8은 나무를 성숙시키는 자리이다.)

水火未離乎氣 陰陽交合之初 故闔. 木金陰陽之定質 故闢.

수화미리호기 음양교합지초 고합. 목금음양지정질 고벽.

• 天五生土之位也. ㅡ地十成土之數也. ㅣ獨無位數者 蓋以人則無極之眞 二五之精 妙合而凝 固未可以定位成數論也.

• 천오생토지위야. ㅡ지십성토지수야. ㅣ독무위수자 개이인즉무극지진 이오지정 묘합이응 고미가이정위성수론야.

是則中聲之中 亦自有陰陽五行方位之數也. 시즉중성지중 역자유음양오행방위지수야.

(물과 불은 아직 氣에서 벗어나지 못하여 음과 양이 서로 어우르는 시초이니 오므라진다.(원순모음이 된다.) 나무와 쇠는 음양이 고정된 바탕이니 펴진다.(非원순모음, 즉 평순모음이 된다.)

• 는 天數 5로, 흙을 낳는 자리이다. ㅡ는 地數 10으로 흙을 성숙시키는 數이다. ㅣ에만 혼자 자릿수가 없음은 대개 사람은 無極의 정수로, 음양오행의 정기가 신묘하게 어울려 엉긴 것으로, 본래 정해진 자리나 수를 이룬다고 논해질 수 없기 때문이다. 이는 곧 중성의 가운데에서도 또한 음양, 오행, 방위의 자릿수가 있기 때문이다.)

•, ㅡ, ㅣ를 모음의 기본자로 소개하고 •(아래아, 둥근 것)가 ㅡ나 ㅣ에 위아래, 오른쪽 왼쪽에 한 번 붙는지 두 번 붙는지에 따라 모음의 도출을 설명하고 있습니다. 누구나 알다시피 •, ㅡ, ㅣ에는 천지인이라는 의미가 붙어 있습니다. 그런데 위에서 보는 바와 같이 천지인 외에도 몇 가지 개념이 아래 표처럼 더 연결되어 있습니다.

	기본자	•	―	ㅣ
1	삼재	천	지	인
2	지지/ 오행	재(수)	축(토)	인(목)
3	형상(기하)	원(원)	평(방)	입(각)
4	오행/ 수	토/ 5	토/ 10	무위무수/0

(오행/수 부분은 뒤이어 제자해에 나오는 것을 함께 표로 표현한 것이고 기하는 동양의 일반적 인식을 참고로 더해 표현한 것입니다.)

위 연결의 의미를 분석해 보면,

첫째, 자·축·인을 연결시킨 것에서 **모음은 자음과 달리 지지와 연결해서 설명**하고 있음을 알 수 있습니다. 그런데 왜 자음은 천간으로, 모음은 지지로 설명한 것일까요? 이에 대한 직접 설명은 훈민정음에 없지만 성리학의 바탕인 주역의 논리에서는 그 이유가 충분히 추론될 수 있습니다. 천간과 지지는 흔히 대기와 대지의 상태에 비유되는데, 단순한 것과 복잡한 것, 자연과 사람으로 대입될 수도 있습니다. 천간에 비해 지지의 숫자가 많기에 더 복잡한 변화를 낳고 사람은 자연 중 가장 진화한 존재이기에 복잡성을 가장 많이 띠고 있기 때문입니다. 자음/모음 대비를 천간/지지, 자연/사람으로 두면 우리는 자모음의 역할 분담을 추론할 수 있습니다. 자음이 자연 대상을 표현하려 한 것이라면, 모음은 인간 내면의 상태나 감정을 표현한 것이란 구분이 가능합니다.

문자 발달사의 처음은 모두 그림 문자인데 이는 예외 없이 자음 중심으로 생겨납니다. 즉, 자음은 무엇인가 시각적, 형상적으로 표현 가능한 대상에서 나왔음을 알 수 있습니다. 반면 문자로서는 자음에 비해 뒤늦게 추가되는 모음은 쾌, 불쾌, 긍정 혹은 부정 등의 감정적 느낌을 표현하는 기능이 두드러집니다. 이런 감정 유형은 본성으로 타고나는 면이 강합니다. **형상적 표현이 가능한 자음은 천간(자연)에서 도출하고 그 대상에 대한 느낌은 지지(사람)에서 도출한 것은 언어가 근본적으로 주체와 대상의 상호 작용 결과임을 분명히 보여 줍니다.** 자음과 모음의 만남은 자연과 사람의 만남, 즉 체험에 기반한 인식 발달 산물로 언어가 탄생했음을 알려 줍니다.

둘째, 생수와 성수라는 표현은 동양에서 십진법 수의 출현을 설명하는 도형인 하도에 쓰이는 표현으로 숫자 배치 및 사시에 따른 오행 배속과 모음의 연결은 아래와 같습니다. 안쪽원이 생수, 바깥쪽 원이 성수인데, 그 의미는 기와 질처럼 선후 관계에 있습니다. 즉 보이지 않는 기 차원에서 순환적 변화가 한 번 일어나고 보이는 질 차원에서 또 한 번 반복된다는 뜻

		7		
		2		
8	3	5, 10	4	9
		1		
		6		

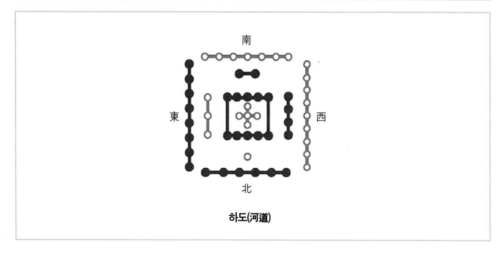

하도(河道)

구분	기본자 (황극, 무극=중앙)	초출=생수	재출=성수
모음	•, ㅡ, ㅣ	ㅗ, ㅏ, ㅜ, ㅓ	ㅛ, ㅑ, ㅠ, ㅕ
부여된 상 (象=오행)과 수. 의미.	천, 지, 인 5토, 10토, 0	1수, 3목, 2화, 4금 (1, 2, 3, 4=생수)	7화, 9금, 6수, 8목 (6, 7, 8, 9=성수)

〈모음의 오행 배치〉

오행과 계절	기본자 천지인	초출 (생수)	재출 (성수)	의미	4단/4덕/ 감정/장부
수-겨울		ㅗ(1)	ㅠ(6)	상하 운동 1 = 위로 오름, 단독자, 최초, 투명, 발생 6 = 아래로 가라앉음, 파고듦, 흐름	시비지심 /지/락/신장
목-봄		ㅏ(3)	ㅕ(8)	내외 운동 3 = 밖으로 표현 8 = 안으로 내면화	측은지심 /인/노/간
화-여름		ㅜ(2)	ㅛ(7)	상하 운동 2 = 아래로, 끌어내림, 복수(複數) 7 = 위로 활달	사양지심 /예/희/심장
금-가을		ㅓ(4)	ㅑ(9)	내외 운동 4 = 안으로 쌓고 9 = 밖으로 최대 발산	수오지심 /의/애/폐
토-종합	· (5), —(10), ㅣ(0)			5 = 변화를 일으킴 10 = 마무리, 종합	중/비위

입니다. 동일 방위의 생-성수는 오행은 같으나 숫자가 홀짝으로 구별되어 1수는 양, 6수는 음인 것처럼 음양이 달라지는 구조를 띠고 있습니다. ㅗ, ㅏ, ㅜ, ㅓ 초출과 ㅛ, ㅑ, ㅠ, ㅕ 재출의 순서를 오행으로 전환시켜 보면, 초출이 수-목-화-금, 재출이 화-금-수-목인데, 이는 각각 수와 화를 출발점으로 시계 방향으로 돌리며 4계절을 따라 붙인 순서임을 알 수 있습니다. 초출과 재출이 그 출발점을 달리하는 이유는 생수와 성수가 음양이 대비되는 원리를 반영하여 양인 생수는 수에서 시작하고 음인 성수는 반대인 화에서 시작했기 때문입니다.

그런데 위와 같이 모음에도 오행과 숫자가 주어지면 자연스럽게 사람의 감정 분류를 오행에 대입하여 그 연결 의미를 추론할 수 있습니다. 그 결과가 4장에서 제시되었던 〈모음의 오행 배치〉 표입니다.

음양오행이 가진 **'만물의 성질 범주 분류 기준'** 기능으로 인해 **오행-숫자-소리-문자-**의

미의 연결이 지어지고 자모음의 역할 분담이 분명해지면서 인류사에 유례없는 전대미문의 고도의 문자 체계가 완성된 것입니다. 위와 같은 성격을 지닌 음소는 몇 가지 추가 규칙과 함께 인류 언어 문자계의 오랜 숙제였던 표의성과 표음성의 종합 진화라는 결과를 만들어 냅니다.

셋째, 자(子)는 오행상 수인데 여기서 하늘이 열렸다고 합니다. 수=하늘이라는 등식이 현대인들에게는 생소할 수 있습니다. 축(丑)은 오행상 토이니 땅이 열렸다는 표현이 무리 없이 연결됩니다. 그러나 이어서 인(寅)은 목인데 여기서 사람이 생겨났다는 것도 현대인의 통념으로는 잘 연결되지 않을 수 있습니다. 그러나 오행 논리 내에서 이해하면 아무 모순이 없는 표현입니다.

먼저 자에서 하늘이 열렸다는 것은 '동짓날'을 뜻하는 것입니다. 동지를 기준으로 최대치였던 밤 길이가 줄어들기 시작합니다. 동지는 극음의 세계에서 양 기운이 자라나는 기준점이 되는 때이죠. 이를 두고 하늘이 열렸다고 하는 것입니다. 즉 일년을 순환할 새로운 양 기운이 발생했다는 의미로 하늘이 열렸다고 한 것입니다. 음양오행에서는 천/지를 양/음의 대응 개념으로 관용적으로 사용함을 이해하면 충분히 설명되는 논리입니다. 축에서 땅이 열렸다는 것도 자에서 만들어진 양의 작동(이것이 바로 태극을 만듦)에 대응하는 기운이 생겼다는 뜻입니다. 이렇게 최초의 양과 거기에 대응하는 반작용으로서 음 작용이 생기면 거기서 둘을 종합하는 새로운 진화가 일어나게 되는데 그것이 인(寅), 즉 양목입니다. 오행론에서 생명 탄생을 뜻하는 자리입니다. 이 목은 사람뿐 아니라 모든 생명 운동을 가리킵니다. 따라서 인(寅)=인(人)이란 등식은 인간이 만물의 대표란 뜻을 함축하고 있습니다. 천지를 부모로 인간이 태어났다는 동양 전통의 관념이 여기에서 나옵니다. 이때 인간은 자연과 대립하는 인간이 아니라 자연의 일부이면서 진화 정점이란 의미로 보아야 합니다. 그러므로 **기본자 · , ㅡ, ㅣ를 천지인이라고 하지만 이것을 물리적 하늘, 땅, 사람이라는 식의 기계 유물론적으로 표상해서**

는 안 됩니다. 오히려 양, 음, 중이라는 보다 넓은 의미로 이해해야 합니다. 그렇지 않으면 왜 •가 붙으면 변화가 일어나고 _가 상태를 종합하고 ㅣ가 일반적 종결어미로 쓰이게 되는지 설명할 수 없게 됩니다.

넷째, 제자해에서 천지인/자축인을 그 형상으로는 원, 평, 입이라 했는데, 이는 글자 모양을 중심으로 설명하는 방식이고 그보다 원형적인 기하상으로는 원(圓), 방(方), 각(角)에 해당합니다. 모양은 동그라미, 네모, 세모죠. 동양에서는 숫자가 의미를 가져 상수학이라 하듯 모형도 추상적 의미가 부여됩니다. 천지인=양음중=원방각인 것입니다. 그 성질 구별은 앞서 살펴본 본중말, 생왕고 등의 개념과도 일맥상통합니다. 이렇게 생명 운동을 삼재 구조로 파악하기에 인간 존재도 영(靈)-혼(魂)-백(魄) 삼원의 일체라 보고 이 삼원 구조를 건강하게 하는 미덕으로 덕(德)-지(知)-체(體)를 제시하게 됩니다. 동양에서 교육의 목표를 덕-지-체의 조화로운 함양으로 두고 있는 것도 이런 깊은 원리에 따른 것입니다. 신(神)-정(精)-기(氣)라는 표현도 마찬가지입니다. 4덕, 4단, 7정도 이 삼원 구조에서 발달하는 인성을 표한 것입니다. 이런 폭넓은 관계망 질서 인식을 바탕으로 위 표에 정리한 인간 내면 상태가 모음자에 연결될 수 있는 것입니다.

〈음절〉

① 以初聲對中聲而言之.

이초성대중성이언지

陰陽 天道也. 剛柔 地道也.

음양 천도야. 강유 지도야.

中聲者 一深一淺一闔一闢 是則陰陽分 而五行之氣具焉 天之用也.

중성자 일심일천 일합일벽시즉음양분 이오행지기구언 천지용야.

初聲者, 或虛或實或颺或滯或重若輕 是則剛柔著而五行之質成焉, 地之功也.

초성자, 혹허혹실혹양혹체혹중약경 시즉강유저이 오행지질성언, 지지공야.

中聲以深淺闔闢唱之於前 初聲以五音淸濁和之於後

중성이심천합벽창지어전 초성이오음청탁화지어후

而爲初亦爲終 亦可見萬物初生於地 復歸於地也.

이위초역위종 역가견만물초생어지 복귀어지야.

(초성 대 중성으로써 말하면, 陰陽은 하늘의 이치요, 剛柔는 땅의 이치라. 중성이 한편으로 깊으면, 다른 한편은 얕고, 또 한편이 합이면, 다른 한편은 벽이니, 이는 곧 음양으로 나뉘나 오행의 기운을 갖추고 있는 것이니 하늘(•)의 작용이다.

초성이 허하고, 실하고, 날리고, 엉기고, 무겁고, 가벼운 것은, 곧 剛柔가 나타나 오행의 바탕이 이루어진 것이니, 땅의 功이다.

중성이 심, 천, 합, 벽으로 앞의 것(초성)을 부르면, 초성은 5음의 청, 탁으로 뒤의 것(중성)에 화답하는데, 초성이 되기도 하고, 종성이 되기도 하는 것은 역시 만물이 땅에서 처음 나서 다시 땅으로 돌아가는 이치와 같다.)

여기서는 초성=땅, 중성=하늘의 작용이라는 등식이 나옵니다. 이는 앞서 초성=자연, 중성=사람 내면 감정이라 연결한 것과 같은 내용입니다. 이 경우 능동적이고 움직임을 주도하는 쪽을 하늘, 반대를 땅이라 칭하는 것입니다. 이렇듯 음양이나 천지라는 개념은 기준 설정에 따라 쓰임새가 다양하게 변합니다. 그러므로 사전적으로 정의하고 암기해서는 안 됩니다. 동양의 주요 개념들은 이처럼 살아 움직이는 상대적, 상관적 의미를 가집니다.

그래서 하늘인 중성 모음은 심천합벽, 즉 깊고 얕고 열고 닫는 작용, 상하, 내외 운동을 하고 초·종성인 자음은 허, 실, 양, 체, 중, 경이라는 사물의 특징을 표현한다고 되어 있습니다. 역시 앞서 자음은 대상, 모음은 감정이라는 명제를 뒷받침하는 내용입니다. 초·중·종성은 땅-하늘-땅으로 연결되어 하늘이 땅의 기운과 합해 새로운 상태를 만들어 낸다고 설명하고 있습니다. 문자 형성을 자연의 움직임처럼 묘사하는 대목입니다.

② 以初中終合成之字言之 亦有動靜互根 陰陽交變之義焉.

이초중종합성지자언지 역유동정호근 음양교변지의언.

動者 天也. 靜者 地也. 兼互動靜者 人也.

동자 천야. 정자 지야. 겸호동정자 인야.

盖五行在天則神之運也. 在地則質之成也.

개오행재천즉신지운야. 재지즉질지성야.

在人則仁禮信義智神之運也 肝心脾肺腎質之成也.

재인즉인례신의지신지운야 간심비폐신질지성야.

初聲有發動之義 天之事也. 終聲有止定之義 地之事也.

초성유발동지의 천지사야. 종성유지정지의 지지사야.

中聲承初之生 接終之成 人之事也.

중성승초지생 접종지성 인지사야.

盖字韻之要 在於中聲 初終合而成音.

개자운지요 재어중성 초종합이성음.

亦猶天地生成萬物 而其財成輔相 則必賴乎人也.

역유천지생성만물 이기재성보상 즉필뢰호인야.

(초·중·종성을 합하여 이루어진 글자(음절)에 대해 말하자면, 마찬가지로 움직임과 멎음이 서로 근

본이 되어 음과 양이 어우러져 바뀌는 뜻이 있다. 움직이는 것은 하늘이요, 멎어 있는 것은 땅이며, 움직임과 멎음을 겸한 것은 사람이라.

대개 오행은 하늘에 있은즉 신의 운행이요, 땅에 있은즉 질의 이룸이다. 사람에게 있은즉 仁, 禮, 信, 義, 智는 신의 운행이요, 간장, 심장, 비장, 폐장, 신장은 질의 이룸이다.

초성에는 일어나 움직이는 뜻이 있으니, 이는 하늘이 하는 일이며, 종성에는 멎어 정하게 하는 뜻이 있으니, 이는 땅이 하는 일이다. 중성은 초성의 생김을 이어 종성의 이룸에 잇대주니 사람이 하는 일이다.

대개 자운(음절)의 근본은 중성에 있는데, 초성과 종성을 어우러 소리를 이룬다. 이는 역시 하늘과 땅이 만물을 생성하되 그 조절과 보충은 반드시 사람에 힘입음과 같다.)

이 문단은 겉보기에 위 ① 문단과 모순되는 내용처럼 보입니다. 여기서는 분명 초성을 하늘이 하는 일이고 중성의 역할이 땅이 하는 일이라고 합니다. 바로 이런 개념 사용의 변화가 현대인들로 하여금 이해를 어렵게 만드는 장애가 됩니다. 그러나 앞서 밝혔듯 천지는 고정된 정의가 아니고 관계적으로 설정되는 개념입니다. 이 경우 초성을 하늘의 일이라 한 것은 그것이 '가장 먼저' 나오기 때문입니다. 즉 음소 조합인 음절에서 가장 앞서 나오는 것이 초성이고 이 초성에 더해져 구체적 의미를 부여하는 것이 중성이며 이 의미에 어떤 상태 인식을 덧붙이는 것이 종성의 역할이라 보고 이러한 선후관계에 따른 역할 분담을 천-지-인에 비유한 것입니다. ① **문단에서는 대상/주체의 대비가 기준이었고, ② 문단에서는 의미 조합에 미치는 영향의 선/후가 기준**이 되는 것입니다. 이러한 기준점의 중심 이동만 유의하면 훈민정음 전체는 수미일관된 원리 아래 정교한 논리가 펼쳐져 있음을 알게 됩니다.

終聲之復用初聲者 以其動而陽者乾也. 靜而陰者亦乾也.

하늘에서 온 글, 한글

종성지부용초성자 이기동이양자건야. 정이음자역건야.

乾實分陰陽而無不君宰也.

건실분음양이무불군재야.

一元之氣 周流不窮 四時之運 循環無端 故貞而復元 冬而復春.

일원지기 주류불궁 사시지운 순환무단 고정이부원 동이부춘.

初聲之復爲終 終聲之復爲初 亦此義也.

초성지부위종 종성지부위초 역차의야.

旰. 正音作而 天地萬物之理咸備 其神矣哉.

우. 정음작이 천지만물지리함비 기신의재.

是殆天啓聖心 而假手焉者乎. 結曰.

시태천계성심 이가수언자호. 결왈.

(종성에 초성을 다시 씀은, 그것이 움직여 양이 된 것도 乾이요, 멎어 음이 된 것도 乾 때문이니, 乾은 실로 음양으로 나뉘어 주재하여 다스리지 않음이 없기 때문이다. 태초의 기운이 두루 흘러 다하지 않으매, 4철의 운행이 순환하여 끝이 없으므로 貞에서 다시 元이 되고, 겨울이 다시 봄이 되니, 초성이 다시 종성이 되고 종성이 다시 초성이 됨도 역시 이러한 이치니라.

아, 정음이 만들어져 천지 만물의 이치를 모두 갖추니, 그 신이로움이여. 이는 아마도 하늘이 성군(세종대왕)의 마음을 여시고, 그 솜씨를 빌려 주신 것이 아니겠는가?)

초성을 종성에 다시 쓸 수 있는 원리를 주역이 자연을 파악하는 순환 논리로 설명하는 문단입니다. 여기서 건은 태극과 동일한 의미로 쓰였습니다. 음양오행을 문자로 표현한 천간/지지, 숫자로 표현한 하도/낙서, 기호로 표현한 복희/문왕 팔괘가 주역에 사용되는 세 언어라 할 수 있는데 이는 각각 시간/성질/공간적 특성에 중점을 둔 동일한 현상에 대한 다른 관점에서의 세 가지 접근법입니다. 그래서 주역을 바탕으로 삼은 세계관을 가진 성리학자들은 이 세 영역을 자유로이 치환하고 섞어 가며 논리를 전개합니다.

팔괘론에서는 봄-여름-가을-겨울의 성질을 원-형-이-정이라 봅니다. 원(元)은 바탕, 형(亨)은 융성함, 이(利)는 갈무리, 정(貞)은 고요히 지킴을 뜻하며 계절의 덕목을 표현한 개념들입니다. 이것을 오행으로 치환하면 목-화-금-수 4상이 됩니다. '정에서 원이 되고=겨울이 봄이 되고'와 같은 말인 셈이죠. 실제 의미는 특정 계절을 말하려는 것이 아니고 자연의 순환 이치를 상기시키며 그로부터 문자가 나왔음을 다시 한 번 강조하는 내용입니다.

〈훈민정음 제자해에 나타난 자모음의 역학(易學)적 구조〉

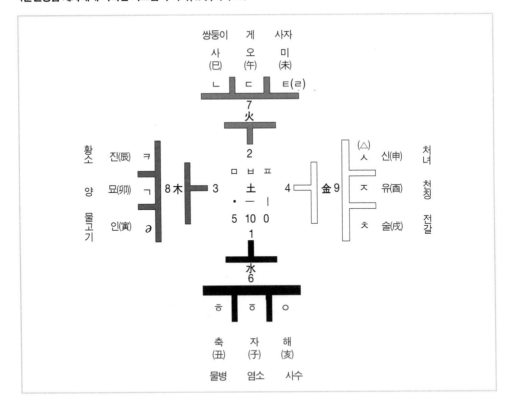

하늘에서 온 글, 한글

자음

오행	소리	상태/지지 배속		삼오분기	자음	파생 확장 의미
목	아(각)	본/천/생	인	위화	ㆁ	어린 씨앗
		중/지/왕	묘	부화	ㄱ	장성한 목, 추진력, 굽음
		말/인/고	진	발생	ㅋ	고목
화	설(치)	본/천/생	사	복명	ㄴ	밝음, 오름, 빛
		중/지/왕	오	승명	ㄷ	이지러짐, 닿음, 열
		말/인/고	미	혁희	ㅌ(ㄹ)	재가 됨, 극단, 최종(반복, 회전)
토	순(궁)	본/천/생	※(음토)	비감	ㅁ	구별되지 않게 뭉침
		중/지/왕	※(양토)	비화	ㅂ	분리, 분산, 뚜렷한 식별
		말/인/고	※(음토)	돈부	ㅍ	퍼짐, 횡으로 운동
금	치(상)	본/천/생	신	종혁	(ㅿ)ㅅ	(품음) 강함, 굳힘
		중/지/왕	유	심평	ㅈ	억제함, 좁고 작음
		말/인/고	술	건성	ㅊ	새로운 발생
수	후(우)	본/천/생	해	학류	ㅇ	음적인 태극, 근원, 영원
		중/지/왕	자	정순	ㆆ	억제된 태극
		말/인/고	축	유연	ㅎ	양적인 태극, 드러난 근원

모음

오행과 계절	기본자 천지인	초출 (생수)	재출 (성수)	의미	4단/4덕/ 감정/장부
수-겨울		ㅗ(1)	ㅠ(6)	상하 운동 1 = 위로 오름, 단독자, 최초, 투명, 발생 6 = 아래로 가라앉음, 파고듦, 흐름	시비지심 /지/락/신장
목-봄		ㅏ(3)	ㅕ(8)	내외 운동 3 = 밖으로 표현 8 = 안으로 내면화	측은지심 /인/노/간
화-여름		ㅜ(2)	ㅛ(7)	상하 운동 2 = 아래로, 끌어내림, 복수(複數) 7 = 위로 활달	사양지심 /예/희/심장
금-가을		ㅓ(4)	ㅑ(9)	내외 운동 4 = 안으로 쌓고 9 = 밖으로 최대 발산	수오지심 /의/애/폐
토-종합	· (5), —(10), ㅣ(0)			5 = 변화를 일으킴 10 = 마무리, 종합	중/비위

지금까지 살펴본 제자해의 내용을 한 장의 그림으로 표현하면 88쪽의 그림과 같이 됩니다.

그림과 함께 전체 내용을 정리하는 의미로 앞서 제자해 자모음 성질 표들을 다시 봅니다.

앞 그림과 도표들은 실로 자연의 질서와 그에 대한 인간의 체험, 소리와 문자, 뜻의 조화를 일목요연하게 보여 주고 있습니다. 이로부터 위대한 최고의 문자가 나타났습니다.

파자해

제자 원리에 대한 이해가 바탕이 되면 비로소 음소 표의성을 이해하고 활용할 수 있습니다. 이는 자음과 모음의 의미 하나하나를 알아서 그 조합으로서 음절의 의미를 알며 음절의 결합인 낱말의 뜻을 문자로부터 도출할 수 있다는 말입니다.

그러나 음양오행 자체가 기계적 정확성을 가진 체계가 아니고 기운의 흐름을 표현한 것이므로 일대일 대응 관계의 규칙이 도출될 수는 없습니다. 그러한 도출은 언어가 근본적으로 은유적 인식이란 점에서 어떤 언어에도 불가능한 것이기도 합니다. 다만, 유의미한 규칙성만 있다 해도 문자 개념의 뿌리를 이해하는 데는 큰 도움이 됩니다. 한마디로 옛사람들이 자연의 어떤 현상에 대한 어떤 느낌을 어떻게 말과 글로 표했는지 알 수 있게 됩니다. 이러한 앎은 언어를 통한 세계의 이해 차원을 한 단계 높여 줄 것이 분명합니다. 이 장에서는 글자가 분석되는 기본 규칙을 밝히고 간단한 실례를 보이고자 합니다.

기본 규칙

〈초성(자음) 규칙〉

〈ㄱ-아음. 牙音ㄱ 象舌根閉喉之形. 아음(목젖소리) ㄱ은 혀뿌리가 목구멍을 막는 모양을 본
뜨고/牙錯而長 木也. 어금니는 어긋나고 길어서, 오행의 나무(木)에 해당한다.
聲似喉而實 如木之生於水而有形也. 어금닛소리는 목구멍소리와 비슷해도 실하기 때문에 나
무가 물에서 생겨나지만 형체가 있는 것과 같다. 於時爲春 於音爲角. 4계절로는 봄에 속하
고, 5음으로는 각(角)음에 속한다.〉

꼴 값	구부러짐. 목젖 부위에서 소리 나옴
소리값	아/각음-목(= 곡직, 구불+경직되게 나아감)
뜻 값	목왈곡직 = 곡선, 굽음, 꺾음, 깎음, 끄트머리, 가름
변 화	ㆁ(배태)-ㄱ(탄생)-ㅋ(장성)-ㄲ(강한 굽음, 완수)

고개	ㄱ(곡선)+ㅗ(위)+ㄱ(가다)+ㅏ(외향)+ㅣ(종결, 장소)
끄떡	ㄲ(곡선)+ㅡ(종합, 반복)+ㄸ(반복해서 닿음)+ㅓ(내향)+ㄱ(종성: 뿌리 내림)
까딱	ㄲ(곡선)+ㄸ(다음) ㅏ는 밖으로. 그래서 겉으로만 의미
꾸벅	ㄲ(곡선)+ㅜ(아래)+ㅂ(윗몸)+ㅓ(안으로)+ㄱ(숙임)
곰곰이	ㄱ(곡선)+ㅗ(위=사고)+ㅁ(매듭 지음, 결론 맺음)
걱정	ㄱ(굽음)+ㅓ(안으로)+ㄱ(거듭)+ㅈ(막힘)+ㅓ(안으로)+ㅇ(지속되는 상태)
고치다	ㄱ(활동 일반)+ㅗ(위로 드러냄)+ㅊ(갱신)+ㅣ(종결)
굽신거림	ㄱ(굽음)+신거림 = 몸을 굽힘(한문을 섞어쓴 것)
꾸부정	ㄲ(많이 굽힘)+ㅜ(아래로)+부정(가능. 바르지 않다는 한자 섞어쓴 것)
꼽추	ㄲ(심한 굽음)+ㅗ(윗 부분)+ㅂ(수직 분산)+ㅊ(뾰족한 솟음)+ㅜ(아래로: 낮춤말)
고기	ㄱ(생명력)+ㅗ(오름)+ㄱ+ㅣ. 힘이 나게 하는 어떤 것
콩	ㅋ(큰 힘)+ㅗ(오름)+ㅇ(원형적, 근원적 둥근 무엇). 식물 중에 가장 많이 취하는 것

※ 기타 몸 구부림. 예) 기어감, 기다, 꿇다, 걸레질, 아기, 기대다, 굴지(손가락을 구부리는 것), 기우뚱, 갸우뚱 등

※ 강한곡선(ㄲ). 예) 꼬리, 꼽슬머리, 꿰메다, 꼬다, 꽈배기, 꼬집다, 꼬매다, 꼬시다, 엮다, 묶다, 섞다, 낚다, 볶다, 바꿔 등

※ 꺾다 예) 꺾다, 각, 구석구석, 귀퉁이, 꾸기다, 각목, 각두기, 꿈치(팔꿈치) 등

※ 많이 꺾임 → 뾰족함. 예) 꼭지, 꼭짓점, 꼭대기, 꼬깔, 꼬챙이, 꽂다, 꼬추, 꽁치 등

※ 깨다=파격. 예) 깨다, 깨치다, 깎다, 까지다, 도깨비, 끊다 등

〈ㄴ-설음. 舌音ㄴ 象舌附上腭之形 설음(혓소리) ㄴ은 혀(끝)가 위 잇몸에 붙는 모양을 본뜨고 /舌銳而動 火也 혀는 날카롭고 움직여서 오행의 불(火)에 해당한다. 혀 소리가 구르고 날리는 것은 불이 이글거리며 활활 타오르는 것과 같다. 於時爲夏 於音爲徵 4계절로는 여름에 속하고, 5음으로는 치(徵)음에 속한다.〉

꼴 값	아래에서 위로
소리값	설/치음
뜻 값	화활염상＝위로 오름, 활동이 가장 많은 양(陽), 내면 정신
변 화	ㄴ(불기운, 양적인 작용)－ㄷ(닿음, 덮음, 이룸)－ㅌ(타오름, 터트림)－ㄸ(끝에 이름, 반복)

ㄴ 초성	날다, 날뛰다, 낳다, 내놓다, 노하다, 놀라다, 눕다, 느티나무, 나무, 늙음, 노래, 나간대(들어온다), 낮(밤), 날(달), 나눔
ㄷ 초성	닿다, 담다, 덮다, 데우다, 데치다, 드러내다, 돌리다, 다하다, 도달, 도착, 다달음, 당도, 등교, 등록, 됐어, 됐다, 달성, 다가옴, 달빛(시·공간 개념), 들, 다리, 더함(닿아서 소리가 나는 소리에는 [ㄷ,ㅌ]이 들어가게 됨: 예＝딩동댕, 딸랑딸랑, 땡땡땡, 띵~, 땡~, 똑똑, 똑딱, 딩동댕, 두드림, 탁탁, 덩덕쿵, 톡, 두두두두, 드르륵 등)
ㅌ 초성	통하다, 터지다, 태어나다, 탈출하다, 통쾌하다, 탄탄대로, 턱, 토하다, 털다, 탈락, 털, 토끼, 튀, (손·발)톱
ㄸ 초성	땀, 또, 땅, 때리다(세게 닿는 것), 뜨끔(강하게 뾰족한 것 닿음), 딸(아들)＝음양

〈ㅁ-순음. 脣音ㅁ 象口形. 순음(입술소리) ㅁ은 입모양을 본뜨고/脣方而合 土也. 입술은 모나지만 합해지므로 오행의 흙(土)에 해당한다. 聲含而廣 如土之含蓄萬物而廣大也. 입술소리가 머금고 넓은 것은 흙이 만물을 감싸고 넓은 것과 같다. 於時爲季夏 於音爲宮. 4계절로는 늦여름에 속하고, 5음으로는 궁(宮)음에 속한다.〉

꼴 값	원방각의 방
소리값	순/ 궁음-토(가색: 심고 거두는 것)
뜻 값	토왈가색 = 합하고 모으고 이룸, 뭉침, 분산, 퍼짐
변 화	ㅁ(모음, 카오스)-ㅂ(분리, 분산, 종운동)-ㅍ(펼침, 퍼짐, 평평)-ㅃ(강조)

ㅁ 초성	몸, 마음, 뭉침, 모양, 망치, 물, 만남, 만들다, 만지다, 묶다, 매달, 메우, 모두, 물다
ㅂ 초성	바람, 비, 벌리다, 부러지다, 베다, 뿌리다, 버리다, 베다, 빨다, 빼기(더하기), 반
ㅍ 초성	팽이, 피리, 편, 펄럭, 퍼기, 팽팽하다, 펼치다

〈ㅅ-치음. 齒音ㅅ 象齒形. 치음(잇소리) ㅅ은 이빨 모양을 본뜨고/齒剛而斷 金也. 이는 단단하고 (무엇을) 끊으니 오행의 쇠(金)에 해당한다. 聲屑而滯. 如金之屑瑣而鍛成也. 이 소리가 부스러지고 걸리는 것은 쇳가루가 단련되어 쇠를 이루는 것과 같다. 於時爲秋 於音爲商. 4계절로는 가을에 속하고, 5음으로는 상(商)음에 속한다.〉

꼴 값	원방각의 각
소리값	치/상음
뜻 값	금왈종혁 = 따르고 바꿈, 솟구치고 억제하고 새로 나고
변 화	ㅅ(솟음, 단단함, 변화: 종혁 의미에서)-ㅈ(막힘, 저장, 자리 잡음) - ㅊ(다시 뚫음, 처음=가까움, 작음 : 느린)

ㅅ 초성	산, 섬, 손(발), 송곳, 쌀, 사슴, 상어(아), 솥, 쇠, 새, 솟대, 삿갓, (화)살, 숯(앎놈)
ㅈ 초성	작다(많다), 잠시, 잔잔, 조용, 줄이다(늘리다), 장독, 잡다, 좁다, 징그러움
ㅊ 초성	처음(끝), 창조, 창업, 출산, 출발, 친구, (아)침, 찰라, 천천히, 차분히, 차근히, ~처럼

하늘에서 온 글, 한글

〈ㅇ-후음. 喉音 ㅇ象喉形. 후음(목구멍소리) ㅇ은 목구멍의 모양을 본뜬 것/喉邃而潤 水也.
목구멍은 (입안의) 깊은 곳에 있고, 젖어 있으니 (오행으로 보면) 물(水)이다. 聲虛而通 如水之虛
明而流通也. 소리는 허하고 통하여, 물이 맑아 훤히 들여다보이고, 두루 통하는 것과 같다.
於時爲冬 於音爲羽. 4계절로는 겨울에 속하고, 5음으로는 우(羽)음에 속한다.〉

꼴 값	원방각의 원
소리값	후/우음
뜻 값	수왈윤하＝근원, 영원, 순환, 무의식
변화	ㅇ(잠재된 태극, 무의식, 잠재의식, 근원, 영원)-ㅎ(드러난 태극)

ㅇ 초성	아이, 어른, 알, 얼, 얼굴, 알다, 아름답다, 왕, 원, 아버지, 어머니, 이끼, 얼쑤, 우리, 영(靈), 입
ㅎ 초성	하늘(땅), 환하다, 해(달), 활짝, 흥겨움, 흐뭇, 훌륭, 황(제)
두음법칙과 현대 한글학회의 표준 문법 체계로 인해 이체자들이 초성에서 탈락.	

〈중성(모음) 규칙〉

ㅗ	수성. 위로 오름(수승)
ㅏ	목성. 밖으로 발출
ㅜ	화성. 아래로 이끔(화강)
ㅓ	금성. 안으로 넣음
―	토성. 종합. 이음. 지속.
ㅣ	무성. 세움. 마침. 사람의 개입. 종결.

ㅗ	오(ㅗ)르다 / 졸(ㅗ)이다 / 솟(ㅗ)다 / 높이다 / 고이다 / 돋(ㅗ)다 / 모(ㅗ)으다 / 조이다 / 솔 / 놓다 / 고드름 / 고개 / 봉 / 솟대 / 퐁퐁 / 초롱초롱 / 오~
ㅏ	가다 / 갈다 / 깎다 / 낳다 / 나가다 / 나누다 / 자다 / 살다 / 삭다 / 하다 / 차다 / 마치다 / 닳다 / 바깥 / 담 / 가죽 / 가을
ㅜ	눕다 / 구부리다 / 숙이다 / 죽다 / 숨다 / 줍다 / 묵다 / 풀다 / 푹 꺼지다 / 축 처지다 / 쑥 빠지다 / 풀이 죽다 / 굼뜨다 / 꿈을 꾸었다 / 묵 / 물 / 우물 / 주룩주룩 / 우~
ㅓ	먹다 / 넣다 / 덤 / 절이다 / 설(ㅓ)[기운을 채우고 뜻을 세우는…] / 넉넉(ㅓ)하다 / 넘치다 / 더하다 / 머물다 / 버무리다 / 절이다 / 젖다 / 어리다 / 얼

파자 적용

〈인칭〉

나	ㄴ(정신)이 ㅣ(사람)을 만나 ㅏ(나왔다) 1인칭
너	ㄴ에 밖에서 안으로 영향을 주는 주체. 2인칭
그것	ㄱ은 일. ㅡ는 이룸. 즉 그는 대상. 것은 ㄱ에 ㅓ들어와서 ㅅ 이룸. 대상에 어떤 규정이 내려진 것. 사람, 양적인 건 ㄴ으로 사물, 음적인 건 ㄱ이나 ㄷ으로 표현함

〈사칙연산〉

더하기	ㄷ은 이루어짐. ㅓ는 밀어 넣기. 하는 행위. 기도 종결 행위
빼기	ㅂ은 분리. ㅃ은 강조. ㅐ는 밖으로. ㅣ는 두기. 분리해서 밖에 둠
곱하기	ㄱ은 구부리기. ㅗ는 위. ㅂ은 쌓기. 위에 쌓는다. 기호는 구부러짐×
나누기	ㄴ은 정신적인 활동. ㅏ는 발출. 나는 주체의 의미. ㅜ는 아래로. 나눔은 내 것을 내려둠 나누기는 그렇게 하기. 즉 내 것을 기준으로(분자) 똑같이 가름

〈신체〉

몸	ㅁ(물질적인, 형체 있는)+ㅗ(위로)+ㅁ = 한마디로 드러난 꼴. 형태
마음	ㅁ(물질)+ㅏ(밖으로 나옴)+ㅇ(근원, 영원성)+ㅡ(지속, 종합)+ㅁ(이룸) = 물질에서 나와 근원으로 돌아가 이루어진 무엇(감각, 지각, 표상 등)
얼	ㅇ(근원, 영원)+ㅓ(안으로)+ㄹ(활발한 운동) = 근원이 내면에서 활동하는 것
어린이	얼이 서린(깃든) 이
어른	얼운의 변화 = 얼을 이룬 이
젊음	ㅈ(미숙)+ㅓ(내면)+ㄹ(활동)+ㅁ(이룸)+ㅇ(근원)+ㅡ(지속) = 내면이 아직 미숙한 이

늙음	ㄴ(화 = 정신) + ㅡ(종합) + ㄹ(활동) + ㄱ(구부러짐 = 꺾임) = 내적 종합이 이루어졌지만 활동성은 꺾인 이
머리	ㅁ(이룸) + ㅓ(밀어 넣기) = 인식 발생. 리(회전, 운동) + ㅣ(사람, 종결어미) = 인식이 이루어지는 원형 부분
목	ㅁ(뭉침) + ㅗ(위로) + ㄱ(곡선) = 각 부위에 굽는 부분
가슴	ㄱ(구부러짐, 일) + ㅏ(발출) + ㅅ(솟구침) + ㅡ(지속) + ㅁ(이룸) = 일 기운이 솟고 곡선으로 튀어나온 부분
배	ㅂ(쌓임) + ㅏ(발출: 힘의 근원) + ㅣ(사람) = 음식 저장, 힘의 근원
등	ㄷ(닿음) + ㅡ(토 = 땅) + ㅇ = 누워 땅에 닿는 부위
팔	ㅍ(평평, 폄) + ㅏ(발출) + ㄹ(운동) = 펴지며 운동하는 부분
다리	ㄷ(닿음) + ㅏ(발출) + ㄹ(운동) + ㅣ(사람) = 땅에 닿아 움직이는 부분
허리	ㅎ(큰) + ㅓ(안으로) + ㄹ(회전 운동) = 크게 안으로 돌리는 부분
손	ㅅ(솟음) + ㅗ(위로) + ㄴ(양적임) = 위에 솟아 운동하는 부분
발	ㅂ(붙음) + ㅏ(밖으로 발출) + ㄹ(운동) = 붙어서 운동하는 부분
손, 발톱	ㅌ(극단 = 끝) + ㅗ(위로) + ㅂ(여러 개) = 위에 나온 여러 개의 끝 부분
뼈	ㅃ(여러 개로 분리) + ㅕ(안으로) = 내부에 여러 분리 단위
털	ㅌ(끝부분) + ㅓ(안으로) + ㄹ(곡선 형상) = 안, 끝 부분 곡선 부위
눈	ㄴ(양적인 것) + ㅜ(내려옴) + ㄴ = 양적인 것이 나와 이루어진 것으로 양적인 것에 대응(보는 행위는 빛과 관련)
코	ㅋ(강한 곡선) + ㅗ(위로) = 많이 튀어나온 곳
귀	ㄱ(곡선) + ㅜ(아래로) + ㅣ = 구는 구멍의 의미가 있다. 곡선 + 구멍 부분
입	ㅇ(근원) + ㅣ(사람, 막음) + ㅂ(분리 형상) = 생명의 근원이 되는 음식을 먹는 분리된 부분
숨	ㅅ(솟구침, 들고나고) + ㅜ(아래로) + ㅁ(뭉침, 이룸) = 외부의 생명력(기운)이 내부로 들어와 이루어진 것
힘	ㅎ(큰, 강한) + ㅣ(사람) + ㅁ(이룸) = 강한 성취 행위

〈사계절〉

봄	ㅂ(여러 개, 싹, 분리) + ㅗ(위로) + ㅁ(이룸) = 보인다. 보는 행위는 인식의 근원인데, 기본적으로 분별지에서 출발한다. 빛과 관련되어 있기도 하다. (빛 = ㅂ 여러 개 분리된 것들 + ㅣ 사람 + ㅊ 새롭게 나타남. 보는 행위와 관련되어 있다.)
여름	ㅇ(근원) + ㅕ(안의 잠재력의 발출) + ㄹ(운동) + ㅡ(종합) + ㅁ(이룸. 물질현상) = 기본적으로 열린다는 뜻. 열린다는 말 자체가 생명의 내적 잠재력이 외부로 실현되는 것. 계절로서는 성장의 때

가을	ㄱ(생명력)+ㅏ(밖으로)+ㅇ(근원)+ㅡ(종합)+ㄹ(운동)=생명력이 밖으로 빠져나가고 힘이 뭉치며 순환. 금 기운. 이때 열매가 생김. 열매는 열음이 ㅁ(뭉침)+ㅏ(발출)+ㅣ(그침)이다.
겨울	ㄱ(생명력)+ㅕ(안으로)+ㅇ(근원)+ㅜ(아래로)+ㄹ(운동)=안으로 응축. 힘이 아래로 내려간다. 수 기운. 종성에 ㄹ이 달린 뜻은 미래의 새 순환 의미

〈자연〉

해	ㅎ(나타난 큰 근원)+ㅐ(나옴)+ㅣ(그침, 종결)=나타난 큰 힘
달	ㄷ(화기운이 잦아듦. ㄴ 다음이 ㄷ이다.)+ㅏ+ㄹ(부드러움, 회전 운동)=한풀 꺾인 빛 해와 달리 모양이 순환 운동한다.
별	ㅂ(분리-보이는 것-빛)+ㅕ(머금음)+ㄹ(회전 운동)=빛을 품고 회전 운동하는 것
물	ㅁ(사물)+ㅜ(아래로)+ㄹ(유동)=사물을 부드럽게 하는 것. 물의 기본 속성은 녹이는 것
빛	ㅂ(분리, 여러 개)+ㅣ(사람)+ㅊ(새로 나타남)=보이게 하는 것
불	ㅂ(분리)+ㅜ(아래로)+ㄹ(꼬불꼬불)=분리 운동. 불의 속성은 확산, 분산, 분열이다.
번개	ㅂ(빛)+ㅓ(머금음)+ㄴ(화기운)+ㄱ(강한 발출)+ㅐ=빛과 열을 품고 강하게 나타나는 것 ㄱ은 곡으로도 직으로도 쓰임

〈숫자〉

생수

하나	ㅎ(큰 근원)+ㅏ(나옴)+ㄴ(불, 양)+ㅏ(나옴)=큰 근원(태극)이 힘차게 나옴
둘	ㄷ(ㄴ기운 그침, 닫음)+ㅜ(아래로)+ㄹ(운동)=양이 음을 만나 운동이 일어남
셋	ㅅ(생명 탄생, 전변)+ㅔ(곳)+ㅅ(솟음)=생명 탄생. 3의 의미가 양적인 생명 탄생이다.
넷	ㄴ(양, 불)+ㅓ(안으로)+ㅣ(그침)+ㅅ(굳음)=양 기운이 굳어짐. 4는 금
다섯	ㄷ(닫음)+ㅏ(밖으로)+ㅅ(생명)+ㅓ(안으로)+ㅅ(굳음)=완성. 다섯은 토. 종합이다.

성수

여섯	ㅇ(근원)+ㅓ(안으로 곡직)+섯=음 완성이 이루어짐. ㅎ에 비해 ㅇ은 음. ㅏ에 비해 ㅓ는 음. 6이라는 수는 水의 成數이며 태음수이기도 하다.
일곱	ㅇ(근원)+ㅣ(그침)+ㄹ(운동)+ㄱ(굽음)+ㅗ(위로)+ㅂ(많음, 분열)=제한된 양 운동. 분열은 많음. 7화의 의미이다. 소양수
여덟	여는 여섯과 동. ㄷ(닿음)+ㅓ(안으로)+ㄹ(운동)+ㅂ(많이)=음의 최대 확장 수
아홉	ㅇ(근원)+ㅏ(나옴)+ㅎ(큰)+ㅗ(오름)+ㅂ(많이)=양의 최대 확장 수. 태양수이다.
열	'ㅇ(태극)'이 ㅕ(8목. 안으로 파고들어). 이 상태가 ㄹ(운동). 00이 ㅇ으로 끝나는 것은 영원성 의미이고 열이 ㄹ로 끝나는 것은 순환성 의미이다.

\# 하나, 둘 이후 3~6까지는 종성에 ㅅ.
\# 6~10까지 초성 ㅇ.
\# 7~9까지 종성에 ㅂ이 공통적으로 들어가는 규칙이 보임.

실례: 파자해 에세이

〈한글이란 무엇인가?〉

한=하나=하느=수(水)=태극(太極)=도의 근원=신.

'한글' 뜻이 무엇이냐고 물으면 대부분 고개를 갸웃할 것입니다. 어떤 이는 고유 명사이니 따로 정의가 필요치 않다고 할지도 모르겠습니다. 무슨 그런 질문이 있냐고. 그래도 어린이나 외국인은 순진하고 자연스러운 입장에서 얼마든지 물을 수 있는 질문이기도 합니다. 우리말에 대한 공부가 좀 있는 이들은 '큰(위대한)' 글이란 뜻이라고 할 수도 있습니다. 그런데 '한'이 왜 '크고 위대한'이란 뜻으로 풀이되느냐고 물으면 답할 수 있는 이가 있을까요? '그냥 그렇게 정의된 거다.'라거나 '사회적 약속'이라고 하는 데서 한 발짝도 설명이 진전되지 않을 듯합니다. 한글의 한은 왜 크고 위대하다고 정의되는 걸까요? 글자 한 자 한 자를 다 약속해

두지는 않았을 텐데? 그 글자의 소리나 형태가 그 의미와 어떻게 연결되는 걸까요? 많은 아이들은, 순박한 영혼들은 이 질문을 합니다.

'한'이 '크고 위대하다'란 뜻을 가진 글자임을 이해하려면 자음과 모음 한 자 한 자에 대한 이해가 선행되어야 합니다. ㅎ은 오성 값은 후음, 오음 값은 우음입니다. 오행으로 변환하면 수(水)의 성질을 가진 음입니다. 그런데 동양 문화에서 수(水)는 모든 운동의 출발점이자 귀숙처란 의미를 지니고 음양이 분화되기 전 상태의 태극(太極)의 성질을 띠고 있습니다. 동양에서 수=태극의 위상은 도(道)나 신(神)과 같습니다. 성리학의 바탕이 된 태극도설이라는 그림이 이러한 사유를 잘 나타내고 있습니다. 그런데 후(우)음에도 음양이 나뉘어 ㅇ은 상대적으로 내적, 잠재적 근원이라면 ㅎ은 그것이 양적으로 드러난 형상이 됩니다. 모음 ㅏ는 초출 2번째 모음으로 사계절의 봄이자 목(木)값을 가진 각(角)음입니다. 목의 기본 성질은 외부로 발출하는 힘입니다. 종성 자음 ㄴ은 설음의 첫째이며 이제 막 피어난 불, 화(火)를 뜻합니다. 의미상으로는 밝고 환한 상태입니다. 초·중·종성의 오행 값을 회의 문자 파자하듯 풀어 보면, 양태극(근원, 영원의 나타남)이 힘차게 출현했다는 뜻이 됩니다. 한글은 근원적인 태극이 힘차게 드러난 글, 그래서 크고 위대한 글이 되는 것입니다.

훈민정음의 제자 원리는 자모의 형태와 소리에 모두 음양·삼재·사상·오행 값이 부여되어 있습니다. 그리하여 표음 문자임에도 불구하고 여타 표음 문자들이 상실할 수밖에 없었던 표의성을 강하게 내포하고 있습니다. 이런 진화적 특징으로 인해 한글은 학술적으로는 표음 문자가 아니라 '자질 문자'로 불립니다. 훈민정음에 담긴 이런 고도의 의미와 구조를 읽어 낼 수 있다면 우리의 말글 생활은 근본적인 혁신을 이룰 수 있습니다.

(하나와 하느의 차이는 모음 ㅏ와 ㅡ의 차이입니다. ㅏ가 목의 성격으로 양적 발출의 뜻인 데 비해 ㅡ는 천지인의 지이자 오행으로 토 값을 가집니다. 전자가 출현에 강조점이 있다면 후자는 항상적인 상태 지속에 강조점이 있습니다. 한편, 동양 상수학에서 하나는 우주와 자연의 운동 변화에서 첫 단계라는 뜻이지 개수 1만을

하늘에서 온 글, 한글

뜻하는 것이 아닙니다. 이 점이 중요합니다. 그 첫 단계는 태극이며 태극은 음양을 종합하고 있는 보편성의 상징입니다. 그런 점에서 동양적 의미에서 하나님과 하느님은 개념적 의미 차이가 거의 없습니다. 유일신도 그 신이 '여러 신 중 가장 힘센 신'이라는 의미가 되면 다수 중 하나이므로 이미 유일성이 없는 셈이 됩니다. 유일성이 명실공히 이루어지려면 완전성, 보편성이라는 성질이 겸해져야만 합니다. 그런 점에서 태극 개념으로 유일신을 이해하는 것이 오히려 '보편종교'라는 뜻의 가톨릭이란 명칭에도 더 어울리는 것은 아닐까요?)

〈해, 달, 별〉

하늘에 늘 떠 있는 해와 달과 별은 인간에게 무한한 상상력을 불어넣습니다. 어떤 것은 항상 같은 모습이지만 다른 것은 매일 변합니다. 어떤 것은 낱개이지만 다른 것은 무리지어 다닙니다. 뜻 없이 흩어져 보이는 별무리들도 자세히 보면 어떤 사물과 사람을 닮아 보이기도 합니다. 또 매일 달라 보이는 달과 별의 모습에서 어떤 규칙성을 느낄 수도 있습니다. 인간은 그 규칙성을 이해하려는 노력 속에서 의식을 발달시켜 왔습니다.

'저건 왜 저런 이름이 붙었어?' 이제 막 말을 배우기 시작하는 아이들이 입에 달고 사는 질문이 대상의 명칭에 대한 물음입니다. 그 대상에 붙은 이름에 어떤 이유가 있는지를 묻는 것은 가장 자연스러운 호기심의 표현입니다. 아이들은 그 이유를 알아 가는 과정에서 대상과 그것을 부르는 소리, 그 소리를 표하는 기호까지의 연결을 이해하게 됩니다. 이 자체가 인간에게 세상이 어떤 의미로 다가왔는지를 알아 가는 과정이며, 이 과정에서 감성과 의식에 힘이 붙어 갑니다. 그러나 안타깝게도 우리는 수많은 기초 대상들의 명칭을 끝없이 외워 오기만 했을 뿐, 그렇게 된 과정을 차근차근 알고 배우고 가르치지 못해 왔습니다.

해와 달과 별은 왜 그런 이름으로 불리나요? 표의성과 표음성을 함께 지닌 한글은 그 일단의 이유를 문자 속에 담고 있습니다.

'해'의 ㅎ은 음으로는 후음(우음)이고 오행 값은 (양)수입니다. 의미는 드러난 태극입니다. ㅏ는 발출, ㅣ는 (명사형) 종결 어미입니다. 해는 양태극이 떠 있는 것입니다.

'달'의 ㄷ은 음으로는 설음의 두 번째 단계이고 오행 값은 화입니다. 오행은 본·중·말의 3변화를 겪게 되어 있는데 그 성질은 각각 평기, 불급, 태과로 나뉩니다. 간단히 첫 단계가 본 오행의 가장 정상적인 상태라면 두 번째는 힘이 미약한 상태, 세 번째는 힘이 다한 상태가 됩니다. ㄷ은 화의 불급 상태입니다. 즉 한숨 죽은 화입니다. 화의 근본 의미가 밝은 것이라면 ㄷ은 은은한 빛이 됩니다. ㅏ는 발출, ㄹ은 반설음으로서 의미는 (회전/순환) 운동, 유동성 증가입니다. 달은 은은한 빛을 비추며 순환하는 무엇입니다.

'별'의 ㅂ은 순음인 ㅁ이 변한 것으로 ㅁ이 뭉침을 뜻하는 데 비해 ㅂ은 '분리'와 '다수'가 쌓였음을 뜻합니다. 세로로 가획된 모양이 분리/다수/쌓임이란 뜻의 상형 기호입니다. ㅕ는 음으로는 각음, 오행으로는 8목(음목)입니다. 목의 성질대로 추진력을 가지지만 그것이 밖을 향해서가 아니라 안을 향해 있다는 뜻을 품습니다. ㄹ은 회전, 순환 운동입니다. 별은 많고 안으로 빛을 품고 순환하는 무엇입니다.

해가 항상성과 근원이라는 뜻, 달이 은은하며 순환하는 불이라는 뜻, 별이 다수의 내적 빛을 머금은 순환하는 무리라는 뜻이 그 글 속에 담겨 있다는 것을 안다면 우리는 글 속에서도 우주를 만날 수 있습니다. 대상에서 이미지로, 이미지에서 소리로, 소리가 기호로, 그 기호가 의미로 전환된 과정을 일상의 문자 속에서 확인할 수 있다면 우리의 사유는 전혀 다른 차원으로 도약하게 될 것입니다. 한글에는 그러한 의식 진화의 매개가 포함되어 있습니다.

〈참과 거짓〉

우리가 사용하는 주요 개념들은 흔히 대구(對句)를 이루고 있습니다. 인간 인식의 기본 작동 방식이 대상을 구별하고 범주화하는 식으로 이루어지므로 이는 필연입니다. 대상 A를 인식하기 위한 일차 행위는 A vs. not A로 구별하는 것일 수밖에 없습니다. 이렇게 만들어진 이원적 세계 인식을 대립적으로만 파악하면 이분법이라 하고, 이원적이되 통일적으로 파악하면 (이원적) 일원론이라 합니다. 서구가 이분법적 사고 경향이 강한 데 비해 동양은 일원적 성격이 상대적으로 강했습니다. 한편, 개념 구성이 이런 성격을 가지기에 대구의 한쪽을 이해하면 다른 한쪽은 그에 따라 정의될 수 있습니다. 참이란 무엇인가? 이것이 해명되면 그 반대의 상태도 미루어 알 수 있는 식입니다.

참되다는 것은 어떤 상태인가요? 인간은 유사 이래 3가지 보편 가치를 추구해 왔습니다. 진/선/미가 그것입니다. 참되다는 것은 흔히 이 중 진과 관련된 것으로 여겨져 왔습니다. '정답'의 다른 이름이며 '불변의 법칙' 같은 뜻으로 쓰여 왔습니다. 나아가 이분법이 발달한 서구의 전통에서는 주체와 대상을 엄격히 구분하여 주관성이 배제된 순객관적 법칙이라는 의미로 여겨지기도 했습니다. 고대 그리스 철학에서는 이런 의미의 진리를 추구하여 물질적으로는 기본 입자인 원자 규명을 목적으로 삼았고 정신적으로는 이데아를 비롯한 형이상학으로 발전했습니다. 기독교가 세계 종교가 된 이후, 형이상학적 진리는 유일신의 뜻으로 치환되었고 근대 이후 이성, 합리성을 내세운 과학 법칙이 그 자리를 이어받았지만 인간 주관성 너머의 배후 원인자, 절대 보편자의 존재라는 관념은 그다지 변치 않았습니다. 그리하여 서구 사상은 흔히 실증적이고 귀납적이라는 과학적 방법론조차 '가설'에서 출발하며 그 가설의 배후에는 형이상학적 전제가 깔려 있기 일쑤입니다. 가설을 연역하여 탐구 과정을 설계하고 이에 입각한 변수 통제된 관찰과 실험, 재현과 일반화를 통해 진리를 발견할 수 있다고 믿습니다. '태초에 있었던 말씀'의 그림자가 늘 깔려 있는 것입니다.

서구와 달리 동양의 진리 개념은 어떤 실재를 가리키지 않습니다. 유교의 중(中), 불교의 공(空), 도교의 무(無)는 하나같이 이도 저도 아닌 상태라는 부정어법으로 진리를 말합니다.

실체가 아니며 고정되지 않으면서도 작용은 뚜렷하고 우주, 자연, 만물을 싸안고 있는 어떤 장(場)처럼 진리를 정의합니다. 그래서 진리를 찾는 방법도 인위적으로 어떤 애를 쓰기보다 통념, 패러다임, 카르마, 트라우마 등 무엇이라 부르든 감정과 사고에 집착 내지 고착되는 상태에서 벗어나 초연한 관찰자의 입장에 서는 것을 제시합니다. '있는 그대로'가 도(道)라는 것은 이런 태도에 충실할 때 얻어지는 어떤 안목, 관점에 인식되는 것을 말합니다. 그러므로 동양에서 진리란 고정된 데이터 값으로 표현되는 것이 아니라 모든 것을 언제나 새롭게 보는 태도에서 일어나는 세계와의 동기감응(同氣感應)의 체험입니다.

'참'은 ㅊ으로 시작합니다. 소리 위치상은 치음이며 성질상으로는 상음이고 오행 값은 금(金)입니다. 기본 모음 ㅅ의 두 번째 가획자입니다. ㅊ은 강한 힘을 의미하는 ㅅ이 가로막힌 상태를 뜻하는 ㅈ에서 한 발 나가 막힌 데를 재차 뚫은 형상과 의미를 가집니다. 조그맣고 뾰족한 것을 상형하거나 처음, 최초 등의 뜻으로도 많이 쓰입니다. ㅏ는 각음이며 오행 값은 3목(양목)입니다. 외부로의 발출을 뜻합니다. ㅁ은 순음, 궁음, 오행 토입니다. 토는 기본 의미가 '종합'이고 종성에 쓰일 때는 사람의 정신적 인식을 표하는 경우가 많습니다. 해서, '참'이란 '새로 나타난 것 종합=새로운 인식'으로 풀이됩니다. 위에 설명한 '있는 그대로' 보자는 중, 공, 무의 태도와 같은 뜻입니다.

'거짓'은 정반대의 뜻입니다. ㄱ은 아음, 각음, 목값이며 굽은 것을 뜻합니다. ㅓ는 상음 4금(음금)이며 안으로 쌓는 것을 뜻합니다. ㅈ은 치음, 상음, 금이며 ㅅ이 막힌 형상입니다. ㅣ 역시 범위의 제한 용도로 쓰입니다. ㅣ는 모음 중 유일하게 특정 오행 값이 없는데, 사람의 개입을 뜻하며 사람 자체가 삼재, 오행을 종합한 존재라서 특정 값을 매길 수 없다는 것이 해례본 제자해의 설명입니다. 보통 어떤 상태의 종결 내지 제한을 뜻하는 용도로 쓰입니다. ㅅ은 치음, 상음, 금값이며 종성에 쓰일 때는 상태를 굳힌다는 뜻으로 많이 쓰입니다. '거짓'은 굽고 막힌 상태를 내면화하고 굳힌 태도를 뜻하는 말글입니다.

하늘에서 온 글, 한글

진리는 특정 값이 아니고 세계를 대하는 인간의 기본 태도의 결과일 뿐이라는 점. 참과 거짓이라는 말글 속에는 서양과 다른 동양의 사상이 잘 녹아 있습니다. 이래서 언어는 영혼의 집이라 불리는 것 아닐까요?

〈 '일한다' 는 것〉

'일'이라는 우리말은 참 속 깊은 뜻을 지녔습니다. ㅇ은 후음(우음)이며 오행상 수입니다. 수는 존재의 근원으로 태극의 의미를 갖습니다. 태극은 아직 무엇이라 칭할 수 없지만 운동 변화가 시작될 원형적 가능성을 갖춘 것으로 음양이 응축, 조화되어 있는 상태입니다. 이 잠재태를 일깨우는 것은 무엇인가요? 자연에서 태극을 일깨우는 역할은 화(火)에 주어져 있습니다. 그래서 동양 상수학에서 1은 수, 2는 화가 됩니다. 화의 기본 기능은 빛과 열입니다. 무엇인가를 밝히거나 덥히는 것입니다. 묘하게도 이 두 기능은 각각 정신과 물질 양 측면에 연관됩니다. 밝히는 것은 정신적 각성의 성질과 연결됩니다. 그래서 전통적으로 지혜를 빛에 비유한 표현이 그토록 많았던 것입니다. 예수님도 제자들에게 세상에 빛이 되어라 하셨을 때는 깨달음을 나누라는 뜻으로, 복음을 전하라는 뜻으로 하신 말씀인 것입니다. 동양에서는 '백문이불여일견(百聞이 不如一見)'이란 표현을 씁니다. 본다는 것. 그것은 빛이 없이는 불가능한 것입니다. 한편, 다른 측면인 열은 모든 물질을 운동하게 만드는 에너지원입니다. 내부의 열 생산 없이 운동하는 생명은 없습니다. 사람은 끝없는 심장의 운동에서 열을 얻어 그 열이 기와 피를 통해 힘을 전달함으로써 살아갑니다. 빛과 열은 정신과 물질을 약동하게 하는 우주의 동력입니다. 그래서 해와 달이 영원한 생명 순환 운동의 상징이 될 수 있는 것입니다. 사람은 천지인 삼재의 주체로서 우주, 자연이 만물을 경영하는 일에 한 축을 맡습니다. 상수에 해당하는 규칙적 순환은 천지가 주재하나 인간이 있음으로써 자연은 공진화합니다. 인간은 적극적으로 자연과 신진대사하는 과정에서 문명을 일구고 자연 생태계에 능동적 변수로 기여합니다. 그래서 사람을 소우주라고도 하거니와 천지의 모든 섭리가 인심을 통해 나타난다고 인내천이라고도 하는 것입니다. 인성과 신성은 별개가 아닌 셈입니다. ㅣ라는 모음은 삼재 중 사람을 뜻합니다. 우리 글에서 ㅣ가 들어가면 사람의 개입을 뜻하는 경우가 많습니다. ㅇ과 ㅣ를 모아 보면 태극에 사람의 작용이 미쳤다는 상황을 지시하는 것이 됩니다. 그 다음에는 무엇이 벌어질까요? ㄹ이 종성에 옵니다. ㄹ은 반설음으로 오행 값이 화(火)이고 유동성, (회전·순환) 운동성을 뜻합니다. '일'이라는 낱말은 '태극에 사람의 손길이 미쳐 운동이 일어난다.'는 의미인 것입니다. 사람은 천지자연에서 화가 맡은 역할을 하며 그럼으로써 삼재의 한 축이 됩니다. 일은 인간의 존재 숙명의 일면이고 그 일을 통해 인간은 우주, 자연과 어울려 세계의 생성, 변화에 주인공이 됩니다. '한'은 크게 드러낸다는 뜻이고 '다'는 어떤 상태의 이룸을 뜻하는 종결 어미입니다. 인간은 일을 함으로써 인간다움을 이루고 나아가 신성과 합일하는 존재입니다.

〈맞(다)/틀(리다), 옳다/그르다, 같다/다르다〉

맞(다)/틀리(다)는 목표로 정한 과녁을 얼마나 적중시켰는지에 대한 개념입니다. ㅁ은 '뭉친 것', ㅏ는 발출. 여기서 의미를 매듭짓는 역할은 ㅈ에 있는데, 두 가지를 유의해야 합니다. 첫째, 종성의 역할. 둘째, ㅈ 자체의 뜻. 우선 종성은 '이루어짐'의 자리입니다. 즉 어떤 상태의 종결 상태를 뜻하는 자리입니다. ㅈ은 ㅅ이 가로막힌바 음금(陰金)입니다. 양금인 ㅅ이 강건한 힘의 발현을 뜻하는 경우가 많은 데(사나이, 싸움, 쇠, 산, 솟구침…) 비해 ㅈ은 대개 위축되고 좁은 범위에 갇힘을 뜻합니다.(작다, 좁다, 조금, 좁쌀…) 그래서 '맞'은 더 좁은 핀 포인트를 뜻하는 ㅊ과 어울려 '맞춤'이란 낱말이 됩니다. '맞'은 어슴프레하게 뭉쳐졌던 상태가 어떤 의

하늘에서 온 글, 한글

도된 범위 안으로 좁혀졌다는 뜻입니다.

이에 비해, ㅌ은 설음(화)의 3단계로 비유하자면 불꽃의 잔해인 재와 같은 상태입니다. '극단적 상태'. ㅡ는 상태 지속. ㄹ은 운동. 다음 초성이 다시 ㄹ이 나온 것이 중요한데, ㄹ이 종성과 초성에 연달아 나오면 대개 '혼란스러운 상태'를 뜻합니다.(놀람, 울렁 등) '틀리'는 것은 극단적 상태에서 혼란을 벗어나지 못하는 것을 지시하는 지사 문자입니다.

옳(다)/그르(다)는 다른 뉘앙스를 가집니다. ㅇ(태극)+ㄴ(출현)+ㄹ(운동)+ㅎ(드러난 태극)의 조합은 초성과 종성에 일관되게 우음 태극이 들어가, 그것이 발현됨을 뜻합니다. 태극은 존재의 시작이자 끝이며 영원, 근원, 보편성의 의미가 있습니다. 옳다는 것은 보편 진리에 응한다는 말입니다. 반면, 그르다는 ㄱ(굽음)+ㅡ(상태 지속, 종합)+ㄹ(활동)+ㅡ(상태 지속)입니다. 이것은 무엇인가 변수가 있고 굽은 상태에서 계속 움직임을 뜻합니다. 아직 불변의 보편성에 닿지 못한 상태인 것입니다.

이렇게 보면 맞다/틀리다는 목표와 정답이 있는 문에 대한 구체적 지식의 적중 여부에 대한 표현임을 알 수 있습니다. 반면 옳다/그르다는 보편성이라는 좀 더 넓은 영역에 대한 인식 여부를 뜻합니다. 지식이 아닌 가치, 태도의 보편적이고 바람직한 상태 여부 등에는 옳다/그르다가 적용될 수 있지만 맞다/틀리다는 적용될 수 없을 것입니다.

같다는 ㄱ(경계선)+ㅏ(외부)+ㅌ(최종)+ㄷ(닿음)으로 구성되어 있습니다. 외부 경계선이 닿아 있다는 말입니다. 다르다는 ㄷ(닿음)+ㅏ(외부)+ㄹ(회전)으로 구성되어 있습니다. 닿은 부분이 반대편으로 돌아섰다는 말입니다. 구별이 되어 버린 상태를 말합니다. 이것은 입장이나 편, 범주 등의 동일성 여부를 가리키는 말입니다. '옳은 길(道=順理)을 알고 같은 뜻을 가진 이들과 적절하고 맞는 방법을 찾아 사는 것'이 인생의 바람직한 상일 것입니다. 이 문장에서의 수사가 바뀐다면 옳지도 맞지도 않은 문장이 됩니다.

한글 수업
이렇게 해 보세요

훈민정음의 글자 짓기에 따른 한글 수업안

2

제1장

대표 수업 예시

ㅁㅂㅍ

모으다, 종합한다, 뭉쳐 있다

📖 첫 번째 수업

이야기로 'ㅁ' 만나기

리듬 활동(여는 시)

★ 글자를 만나기 전에 몸과 마음을 깨우는 활동입니다. 가르치는 자음이나 모음에 어울리는 노래나 리듬 활동을 다양하게 활용할 수 있어요.

> 아름다운 말이 / 하늘에서 내려옵니다.
>
> 아름다운 말이 / 내 입에서 흘러나옵니다.
>
> 고요한 마음과 귀로 / 아름다운 소리를 듣습니다.
>
> 그 소리를 손으로 또박또박 씁니다.
>
> 아름다운 말과 글이여
>
> 고요히 빛나는 사랑과 감사여

이야기 들려주기

(참고: 서정오. 2015. 『우리 옛 이야기 100가지』. 현암사)

ㅁ 이야기

선생님 어렸을 적에 외가에 자주 갔었어. 옛날에는 *마을*마다 이야기를 잘 하는 할머니가 계셨는데, 선생님 외가 *마을*에도 그런 이야기 할머니가 살고 계셨지.

마을 친구들이 모여서 이야기 할머니네 집으로 이야기를 들으러 *마실*을 가는 거야. 다른 집에 놀러가는 걸 '*마실*'이라고 그래.

할머니네 집에 도착해서 '할머니!' 하고 부르면 할머니는 문 밖까지 *마중*을 나와서 '우리 강아지들 왔냐.' 반겨 주셨어. 우리는 할머니 집 마당에 *멍석*을 깔고, 우리는 *멍석*에 모여 앉는 거야.

할머니는 '*망태*' 이야기를 해 주셨어. *망태*도 뭔지 모르지? 짚신이랑 멍석 만드는 그 '짚'을 꼬아서 가방처럼 물건을 넣을 수 있게 만들어 놓은 거야. 큰 *망태*에는 사람도 들어갈 수 있었나 봐. 그래서 선생님

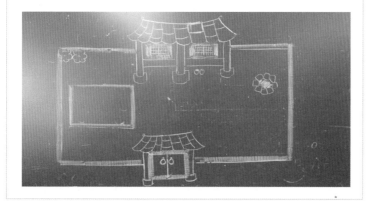

★ 'ㅁ'은 모으고, 종합하고, 뭉쳐 있다는 의미를 담고 있습니다. 변화의 끝이자, 새로운 변화를 위한 준비, 시작이기도 합니다. 'ㅁ'의 상이 잘 나타나는 낱말로 마을, 마실, 모이다, 문, 마중, 멍석, 무릎, 망태 등을 떠올려 이야기로 꾸며 보았습니다.

★ 이야기를 하면서 칠판에 그림을 그려 주었습니다. 그림을 그려 주면 아이들은 이야기를 더 재미있게 듣습니다. 하지만 스스로 이야기 장면을 상상하는 데 방해가 될 때도 있기 때문에, 이야기 그림 그려 주기는 수업 장면이나 아이들의 상황을 잘 고려하여 선택하면 좋겠습니다.

★ 〈그림〉
 – 이야기 할머니 집은 이렇게 생겼었는데, 이런 대문에 이런 마당, 마루, 방문이 있었어. 지붕은 이렇게 생겼고.
 – 선생님, 이야기 할머니집에 네모 모양이 많아요.
 – 그래? 어디 있는지 말해 주면, 선생님이 표시해 볼게.

어렸을 때 할머니한테 떼쓰면서 울면, '밤에 그렇게 울면 *망태* 할아버지가 너 잡아 간다.' 그랬어. 잡아다가 *망태기*에 넣은 다음에 어깨에 메고 가는 건가 봐. 그 *망태* 이야기를 해 주셨는데, 참 재미있었어.

★ 이야기는 아이들의 상황에 따라 새로 만들어 들려주어도 좋습니다. 자음의 성격을 잘 드러내는 중심 낱말을 떠올리고 엮으면 한글 지도에 필요한 이야기를 만들 수 있습니다.

망태 이야기

옛날옛날 호랑이 담배 피우던 시절에 어떤 총각이 부모도 없이 혼자서 농사를 짓고 살았는데, 자기 땅 없이 남의 땅을 빌려서 농사짓고 먹고 살다 보니, 무척 가난했단다. 이렇게는 못 살겠다 싶어서 봇짐장사나 하려고 길을 나섰는데, 어디로 가야 할지 몰라서 이리저리 돌아다녔지. 무작정 여기저기 떠돌아다니다가 하루는 산에서 날이 저물었지 뭐야. 이리저리 쉴 곳을 찾다가 불이 환한 집이 있어 들어갔더니 머리가 하얀 할아버지가 앉아 있더래. 하룻밤 자고 간다고 하니, 그러라고 해. 그래서 방에 들어가 보니 노인이 짚으로 사람 하나 들어가면 딱 맞을 만한 망태를 만들고 있더란 말이지.

"그걸 무엇 하려고 만드십니까?"

"먹고살기 힘든 사람이 여기에 들어가면 좋은 수가 생기거든."

총각은 귀가 솔깃해져서 망태에 얼른 들어갔지. 그랬더니 노인은 다짜고짜 망태 주둥이를 꽉 묶어서 총각을 꼼짝 못 하게 해 놓고는, 그놈의 망태를 장대에 꿰어 메고 밖으로 성큼성큼 나가더니 칠흑 같은 밤길을 나는 듯이 걸어서 더 깊은 산중으로 들어가더래. 한참을 들어가더니 큰 나무 밑에 이르러 걸음을 멈추고는 망태를 나뭇가지에 턱 걸어 놓더란 말이야. 그러더니 나무 밑에 말뚝을 여러 개 박아 놓고는 두 말 않고 오던 길을 되짚어 가 버리지 뭐야. 총각은 덜컥 겁이 났지. "아이고, 할아버지. 이 산중에 나 혼자 버려 두고 가시면 어쩌란 말입니까?"

그래도 노인은 쓰다 달다 말도 없이 훨훨 가 버리고, 혼자 남은 총각은 망태 속에서 오도가도 못하고 나무에 대롱대롱 매달려 있었지. 그런데 이게 무슨 놈의 날벼락이야? 조금 있으니까 사방에서 시퍼런 불빛이 번쩍번쩍 하더니 호랑이 수십 마리가 슬슬 다가오지 뭐야. 죽기를 각오하고 있으니 호랑이란 놈들이 저를 잡아먹으려고 펄쩍펄쩍 뛰는데, 망태가 어지간히 높은 데 매달려 있어서 미처 닿지를 않았지. 닿지 않으니 호랑이들이 도로 밑으로 떨어진다. 떨어지면서 말뚝에 찔려 턱턱 나자빠지더란 말이야. "오라, 노인이 나를 미끼로 써서 호랑이를 잡으려는 계책이었군."

한두 마리도 아니고 수십 마리나 되는 호랑이들이 펄쩍펄쩍 뛰다가 죄다 말뚝에 찔려 나자빠졌지. 그렇게 죽은 호랑이가 얼마나 많은지 나무 밑이 온통 호랑이로 가득했지. 날이 밝으니까 노인이 와서 망태를 끌러 주고는, 호랑이를 둘로 나누어 갖자고 하거든. 총각은 그 호랑이를 팔아서 돈을 많이 벌었단다.

건너 마을에 사는 욕심쟁이 총각이 소문을 듣고는 할아버지를 찾아왔어. 할아버지는 이번에도 총각을 망태에 넣고 나무에 매달았지. 밤이 되자 호랑이들이 몰려와 펄쩍펄쩍 뛰다가 말뚝에 찔려서 죽었어. 그런데 욕심쟁이 총각은 할아버지가 오기 전에 호랑이를 모두 갖고 도

망가려고 칼로 망태를 찢은 다음 나무 아래로 펄쩍 뛰었지. 그런데 망태에서 뛰어내리다가 그만 말뚝에 찔려 죽었다나.

그러니까 호랑이 팔자나 똑같이 된 셈이지.

이야기를 그림으로 나타내기

★ 글자 이야기를 듣고 마음속에 떠올린 모습을 그림으로 자세하게 나타내 보면서 'ㅁ'을 만납니다.

★ 그림 그리는 것을 어려워하는 아이에게는 '마음속의 촛불과 이야기해 보기', '마음속 이야기 나무가 하는 말에 귀 기울이기' 등으로 안내해 주었습니다.

● 선생님이 해 준 이야기 중에 마음에 남는 내용이 있어?

    – 친구들끼리 이야기 할머니 집에 가는 거요.

    – 앉아서 이야기 듣는 거요.

    – 이야기 할머니네 집이오.

    – 아저씨가 호랑이 무서워하는 거요.

    – 나쁜 아저씨 죽는 거요.

● 이야기를 듣고 마음에 남는 장면을 그림으로 그려 보자.

    – 어려워요.

    – 선생님 거 보고 해도 돼요?

● 많이 어려우면 선생님 거, 보고 그려도 괜찮아.

근데, 너희 마음속에 촛불이랑 이야기해 보면, 촛불이 어떤 그림을 그리라고 안내해 줄 거야. 촛불이 안내해 주는 대로 그리다 보면 이야기 그림, 그릴 수 있을걸.

하늘에서 온 글, 한글

★ 이미 글자를 아는 아이들은 그림에 글자를 쓰기도 합니다. 특별한 말을 곁들이지 않고 자연스럽게 두었습니다.

★ 수업 시간이 여유 있으면, 아이들끼리 그림을 서로 보여 주고 설명하는 시간을 가져도 좋겠습니다.

그림으로 'ㅁ' 만나기, 몸으로 'ㅁ' 익히기

리듬 활동(말놀이, 노래)

맴	문지기 문지기 문 열어라
매암	열쇠 없어 못 열겠네
매암 맴	어떤 대문에 들어갈까
	동대문에 들어가
낮잠 든 여름 숲을 깨우는	문지기 문지기 문 열어라
	열쇠 없어 못 열겠네
쬐그만	문지기 문지기 문 열어라
아주 쬐그만	덜커덩떵 열렸다
알람 시계	

'ㅁ' 형상화

★ 'ㅁ'을 형상화할 수 있는 그림을 그려서 보여 줍니다. 그림은 이야기와 관련 있는 장면을 골라, 수업 시작 전에 그려 두었습니다.

- 선생님이 어제 해 준 이야기 기억 나?

  – 네. 이야기 할머니 이야기요.

  – 멍태(망태라는 말이 익숙지 않아서) 이야기요.

- 그래, 선생님이 그 망태 이야기에서 글자를 찾았거든.

  한 번 볼래?

★ 〈그림〉
   망태에 들어가 나무에
   매달린 총각이 무서워
   서 팔, 다리를 모으고
   있어.

칠판 그림

'ㅁ' 그림 그리기

학생 그림

'ㅁ' 찾기

● 선생님이랑 그림에서 '므'를 찾아볼까?

    – 저기요. 아저씨가 들어 있는데요.

    – 망태요.

'□' 소리 관찰

★ '미음'이라는 글자 이
름 대신 '므'라는 소리
로 가르쳤습니다. 아이
들에게 자음의 본래 성
질을 전달하기에 자음
의 이름보다 소리가 더
적당하다고 생각했기
때문입니다.
자음은 모음이 있어야
발음이 가능하기 때문
에 자음 자체의 본질을
가장 덜 해치는 모음으
로 '─'를 골라 '므'로
가르쳤습니다.

● '므' 소리는 어디에서 날까? 입 앞에요. 입술이 벌어져요.

● 소리를 내면서 짝꿍의 입 모양과 소리를 살펴보고 발표해 보자.

  ─ 입술이 창문 같고, 그리고 바람처럼 슈우 소리가 나오니까 마
    술처럼 나오는데, 마술에도 ㅁ가 나오니까 ㅁ는 놀라운 것 같
    아요

  ─ ㅁ는 창문 같아요. 왜냐하면 창문에서 바람이 나가요.

  ─ ㅁ는 입술에서 나는 소리 같고 우리 반에 많아요. 창문, 공책,
    사물함

몸으로 '□' 만들기

● 즐겁게 춤을 추다가 '□' 소리 만들기!

● 혼자서/둘이서/셋 또는 넷이서/우리 반 전체가 '□' 만들기

 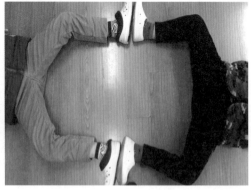

콩 주머니로 'ㅁ' 만들기

📖 세 번째 수업

'ㅁ'이 들어가는 낱말 만나기, 문장 만들기

리듬 활동(여는 시)

> — 여는 시
>
> — 계절 노래, ㅁ 말놀이

'ㅁ' 시

★ 첫 번째 시간에 들려 준 이야기와 관련하여 시를 짓습니다. 수업 시작 전에 칠판에 써 둡니다. 'ㅁ'는 잘 보이는 색으로 쓰면 좋습니다.

모여라 모여라	머리랑 몸이랑
마을 친구 모여라	망태 안에 모으고
모여라 모여라	무서운 호랑이
멍석 깔고 모여라	멀리 가거라

- 'ㅁ' 자가 들어가는 곳에서 박수치며 해 보자.
- 'ㅁ' 자가 들어가는 곳을 높게 소리 내며 해 보자.
- 몸동작과 함께 해 보자.

'ㅁ' 쓰기

- 투명 공책에 써 보자.

  - 허공에 손가락으로 써본다.

- 책상에다 써 보자.

- 손가락으로 쓰면서 따라 읽어 보자.

  - (그림을 따라 쓰면서) '므'

  - (크게 따라 쓰면서) '므'

  - (작게 따라 쓰면서) '므'

'ㅁ'이 들어가는 낱말 찾아 발표하기

- '므', '므', '므' 자로 시작하는 말~

  아니면, '므', '므', '므' 자가 들어가는 말~ 찾아서 발표해 보자.

  - 망태, 마음, 몸, 미꾸라지, 메뚜기, 물고기, 말뚝이 탈, 메주, 마

    법의 성, 멍게, 마루, 멸치

★ 발표한 낱말을 칠판에 써 줍니다. 'ㅁ'가 들어가는 부분은 붉은 색이나 잘 보이는 색으로 쓰면 좋아요. 여러 가지 색분필을 사용할 수 있다면 '노란색'으로 쓰는 것도 좋겠습니다.

문장 만들어 말하기

- 칠판에 적어 준 낱말을 두 개나 세 개 골라서 문장을 만들어 보자.

  칠판에 없는 낱말이 좀 들어가도 괜찮아.

  - 물고기가 무지개까지 날았습니다.

★ 낱말을 엮어 이야기를 꾸미고 그림으로 그리는 활동도 할 수 있어요.

ㅂ 붙고, 떨어지고, 쌓이고, 보이고, 부풀어 오르고(수직 운동)

첫 번째 수업

이야기로, 그림으로 'ㅂ' 만나기

리듬 활동(여는 시)

★ 글자를 만나기 전에 몸과 마음을 깨우는 활동입니다. 가르치는 자음이나 모음에 어울리는 노래나 리듬 활동을 다양하게 활용할 수 있어요.

아름다운 말이 / 하늘에서 내려옵니다.

아름다운 말이 / 내 입에서 흘러나옵니다.

고요한 마음과 귀로 / 아름다운 소리를 듣습니다.

그 소리를 손으로 또박또박 씁니다.

아름다운 말과 글이여

고요히 빛나는 사랑과 감사여

― 계절 노래

― ㅁ 시

'ㅂ' 이야기 들려주기

(참고: 서정오. 2012. 『옛 이야기 보따리』. 보리)

● 오늘도 재미있는 이야기를 하나 들어 보자.

망태로 호랑이를 잡아서 부자가 된 총각이 아들딸 낳고 잘살 수 있는 집을 짓고 싶어졌어.

그런데 말이야. 어느 날 길을 가는데, 누가 이런 말을 하는 거야.

"*바다* 건너 어느 섬에 도깨비 터가 있는데, 거기에 집을 짓고 살면 부자가 된다네."

도깨비 터는 도깨비가 저희들끼리 터를 닦고 사는 데지. 그런데 도깨비 터에다가 집을 지으면 부자가 된다는 말이 있어. 아무래도 좋은 땅에 집을 지으면 아들딸 낳고 오래도록 잘살 수 있겠지? 그래서 그곳을 찾으러 갔대.

도깨비 터가 *바다* 건너 있으니, 총각은 *배*를 타야 했지. 도깨비 터가 있는 마을에 도착했더니 마을 사람들이 이상한 얘기를 해. 도깨비 터에 집을 짓기만 하면 그 다음날 집이 불에 타 버린다는 거야. 한 사람이 도깨비 터를 사 가지고 집을 짓고 하룻밤 자고 나면 그만 집이 홀라당 불에 타 버려서 허물어져 버렸네. 밤새 불이 난 거야.

또 다른 사람이 그 터를 사 가지고 집을 지었어. 집을 다 짓고 하룻밤 자고 일어나 보니 또 집이 홀라당 불에 타 버렸어. 밤새 기둥뿌리만 남기고 죄다 내려앉아 버렸어. 그 뒤로도 그 터에 집을 지으

★ 'ㅂ' 이야기는 'ㅁ' 이야기와 흐름이 이어지도록 만들어 들려줍니다. 뭉치고, 모으고, 종합하는 'ㅁ'가 붙고, 떨어지고, 쌓이고, 부풀어 오르는 수직 운동을 보이며 'ㅂ'가 됩니다.

면, 짓는 족족 하룻밤 새 홀라당 불에 타 버려. 도깨비가 장난을 쳤는지 어쨌는지, 집을 지었다 하면 밤새 기둥뿌리만 남기고 불에 타서 죄다 폭삭 내려앉아 버린단 말이야. 이러니 누가 그 터에 집을 지으려고 하겠어. 아무도 안 짓지.

그런데 망태로 호랑이를 잡은 총각은 그 도깨비 터에다 집을 지었어. 집을 다 짓고 자는데, 가만히 생각해 보니, 하룻밤 자고 나서 집이 불에 타 버릴까 걱정이 되었지.

'안되겠다. 오늘은 내가 잠을 안 자고 집을 지켜야지.'

이렇게 생각하고 그날 밤잠을 안 자고 집을 지켰어. 온 집 구석구석에 불을 환하게 밝혀 놓고 방 바깥에서 밤을 새웠지. 시간이 지나고 꾸벅꾸벅 졸던 총각은 이상한 소리에 번쩍 정신을 차렸어. 비가 오는 소리였어. 얼마나 비가 많이 내리는지 '이렇게 비가 오면, 도깨비불도 우리 집 못 태우겠다. 잘되었구나.' 하는 생각이 들 정도였어. 하지만 곧 비가 그치고 바람이 세게 불기 시작했어. 얼마나 바람이 세차게 부는지 '도깨비불이 우리 집 태우기도 전에 바람에 날아가서 부서지겠다.' 생각이 들 정도야. '아이고 난 망했구나.' 생각하고 있는데, 바람이 나무 밑으로 불더니 나뭇잎들이 우수수 흩날리면서 붕 떠올랐어. 그리고 빙글빙글 돌면서 동그랗게 뭉쳐지는 거야. 이게 점점 작아지더니 주먹만한 공 모양이 되었어. 시간이 지나자 여기저기에서 이 공 모양이 잔뜩 날아오기 시작했어. 마루 밑에서도 부스럭부스럭, 아궁이에서도, 지붕 아래에서도, 저 멀리 나무 아래에서도 붕, 붕 소리를 내면서 빙글빙글 집터를 돌았는데, 총각은 얼마나 어지러운지 쓰러질

지경이었어. 그때 저 멀리서 *번개가 번쩍* 치는가 싶더니, 글쎄, 이 공 모양에서 빛이 나기 시작하는 거야. 처음에는 붉은색으로 빛이 나기 시작했는데. 붉은색으로 빛나는 공 모양은 점점 *부풀어* 오르더니 *바깥쪽*으로 푸른색 빛을 뿜어 냈어. 붉고 푸른빛들이 집을 에워싸고 빙글빙글 돌고 있으니, 총각이 얼마나 무서웠겠어. 그런데 자세히 보니까 빛 가운데 도깨비 얼굴이 떠 있는 거야. 그래, 도깨비불이었어. 도깨비불이 점차 잦아들더니 도깨비 수십 명이 총각 앞에 나타났어.

"아, 어떤 놈이 우리 터에 또 집을 지었어? 애들아, 이 집구석 모두 불에 태워 버리자."

총각은 무서워서 죽겠는데, 꾹 참고.

"이놈들, 너희들은 무슨 심술로 남의 집을 헐려고 하느냐?"

하고 온 집이 쩌렁쩌렁 울리도록 고함을 질렀지. 그랬더니 도깨비들도 지지 않고,

"너야말로 무슨 심술로 남의 터에다 집을 짓느냐?"

하고 맞고함을 지르더래.

총각은 총각대로,

"터는 너희 터인지 몰라도 집은 내가 지은 집이다."

도깨비들은 도깨비들대로,

"집은 네가 지은 집인지 몰라도 터는 우리 터다."

밤새도록 서로 다투다가 총각이 꾀를 내어 그럼 가위바위보를 해서 지는 쪽이 물러나기로 하자고 내기를 걸었어. 왠지 알아? 도깨비는 가위바위보를 하면 늘 주먹만 낸단 말이야. 총각이 그걸 알고서는 가

★ 도깨비와 총각이 가위바위보를 하는 장면에서 실제로 아이들과 가위바위보를 하면 아주 좋아합니다. 아이들이 총각, 교사가 도깨비를 맡아 계속 져주면, 깔깔대고 웃으며 이야기를 마칠 수 있어요.

위바위보를 하자고 했던 거야. 누가 이겼게? 주먹밖에 모르는 도깨비는 당연히 주먹을 내고, 총각은 보를 내어 이겼지. 아무리 수백 번을 해도 도깨비는 계속 주먹만 내고 총각은 보만 냈지. 결국 총각이 이겼어. 맘씨 좋은 총각이 집을 떠나는 도깨비들에게 *보자기*엔 가위를 내야 한다며 가위 내는 법도 알려 주었지. 도깨비들은 입맛만 쩍쩍 다시다가 어디론가 휑 사라져 버리고, 그 다음부터는 다시 나타나지 않더래. 그래서 총각은 잘살았지. 도깨비불에 타지 않고 오래오래 잘살았다는 이야기야. 그때부터 도깨비들은 지금도 열심히 가위바위보 연습을 한다는 얘기가 있어. 지금 도깨비를 만나면 아마도 가위랑 보도 낼 수 있을 테니 도깨비랑 내기를 하려거든 조심해~~.

'ㅂ' 그림 보여 주기

★ 'ㅂ'을 형상화할 수 있는 그림을 그려서 보여줍니다. 그림은 이야기와 관련 있는 장면을 골라, 수업 시작 전에 그려 두었습니다.
★ 〈그림〉 공 모양이 빙글빙글 돌다가 저음에는 붉은빛, 시간이 지나서는 푸른빛으로 빛났어. 도깨비불이야.

- 선생님이 어제 해 준 이야기 기억 나?
  - 네. 도깨비불 이야기요.
- 선생님이 이야기에서 글자를 찾았어.
  - 그림에서 'ㅂ'를 찾아서 이야기를 나눈다.

칠판 그림

'ㅂ' 그림 그리고 'ㅂ' 떠올리기

● 종합장에 'ㅂ' 그림을 그려 보자.

학생 그림

몸으로 'ㅂ' 익히기, 'ㅂ' 시 쓰기

리듬 활동(여는 시)

아름다운 말이 / 하늘에서 내려옵니다.

아름다운 말이 / 내 입에서 흘러나옵니다.

고요한 마음과 귀로 / 아름다운 소리를 듣습니다.

그 소리를 손으로 또박또박 씁니다.

아름다운 말과 글이여

고요히 빛나는 사랑과 감사여

— 계절 노래

— ㅁ 시

몸으로 'ㅂ' 만들기

★ 혼자서, 둘이서, 셋이나 넷이서, 전체 학생이 함께 글자를 만듭니다.

콩주머니로 'ㅂ' 만들기

쓰는 순서대로 걸어 보기

- 글씨 쓰는 순서대로 걸어 보자.

  - 끈으로 만든 글자 옆을 글씨 쓰는 순서대로 걷는다.

    (내리금, 내리금, 건너금, 건너금)

'ㅂ' 소리 내며, 손가락으로 써 보기

- 교사는 칠판에, 아이들은 허공에 써 본다.
- 손가락으로 쓰면서 따라 읽어 보자.

- 투명 공책에 써 보자.

  - 허공에 손가락으로 써 본다.

★ 긴 끈이나 줄넘기 줄을 이용하여 바닥에 글자를 그리고, 한 명씩 획 순대로 걸어 봅니다. 아이들은 가로획, 세로획보다는 '건너금', '내리금'이라는 말을 잘 알아들었습니다.

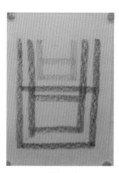

칠판 그림

- 책상에다 써 보자.

- 손가락으로 쓰면서 따라 읽어 보자.

  - (그림을 따라 쓰면서) '브'

  - (크게 따라 쓰면서) '브'

  - (작게 따라 쓰면서) '브'

'ㅂ' 시 익히기

★ 첫 번째 시간에 들려준 이야기와 관련하여 시를 짓습니다. 수업 시작 전에 칠판에 써 둡니다. 'ㅂ'는 잘 보이는 색으로 쓰면 좋습니다.

★ 시를 여러 번 읽고 ㅂ이 들어간 곳에서 박수를 치거나 발 구르기를 하면 됩니다. 처음에는 시를 보고 따라하고 익숙해지면 보지 않고 하도록 해 봅니다.

★ 이 시기에 아이들의 글자 쓰기는 '쓴다'는 말보다는 '따라 그린다'는 말이 더 어울립니다. 아이들은 선생님의 글씨를 따라 그리며 글자 형태에 익숙해집니다. 공책은 크레파스로 글씨를 쓸 수 있을 만큼 크게 만드는 것이 좋겠습니다.

비 비 무슨 비 / 주룩 주룩 장대비

바람 바람 무슨 바람 / 윙 윙 황소바람

불 불 무슨 불 / 빙글 빙글 도깨비불

보 보 무슨 보 / 가위 바위 보

- 'ㅂ' 자가 들어가는 곳에서 박수치며 해 보자.

- 'ㅂ' 자가 들어가는 곳을 높게 소리 내며 해 보자.

- 몸동작과 함께 해 보자.

공책에 'ㅂ' 시 따라 쓰기

- 공책에 천천히 'ㅂ'이 들어가는 낱말을 써 본다.

  (칠판을 보고 크레파스로 따라 '그린다'.)

'ㅂ' 낱말 찾아 쓰기

'ㅂ' 리듬 활동

— 계절 노래

— 'ㅁ' 시 낭송하기

— 'ㅂ' 시 낭송하기(몸동작 함께)

비 비 무슨 비 / 주룩 주룩 장대비

바람 바람 무슨 바람 / 윙 윙 황소바람

불 불 무슨 불 / 빙글 빙글 도깨비불

보 보 무슨 보 / 가위 바위 보

'ㅂ'이 들어가는 낱말 찾아 발표하기

● '브', '브', '브' 자가 들어가는 말~ 찾아서 발표해 보자.

— 바다, 나비, 벌, 바람, 비, 배, 바지, 부스러기, 바보, 보석, 바
구니, 해바라기, 우리 반, 받침대, 방방, 아버지, 할아버지, 보
따리, 밤, 불, 방망이

문장 만들어 말하기

★ 발표한 낱말을 칠판에
써 줍니다. 'ㅂ'이 들
어가는 부분은 붉은색
이나 잘 보이는 색으로
쓰면 좋아요.

● 칠판에 적어 준 낱말을 두 개나 세 개 골라서 문장을 만들어 보자.

　─ 할아버지가 배를 타고 바다를 건너서 여행을 합니다.

　─ 바보가 길을 가다가 보석을 주웠습니다.

　─ 벌이 날아가다가 해바라기한테서 쉬어 가려고 합니다. 해바라

　　기는 바람이 불어서 이렇게(기우뚱) 되었습니다.

낱말 엮어 이야기 꾸며 그리기

★ 낱말을 엮어 이야기를
꾸미고 그림으로 그리
고, 발표하는 활동도 해
볼 수 있어요.

 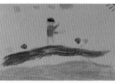 

학생 그림

ㅍ 펼침, 퍼짐, 평평(수평 운동)

이야기로 'ㅍ' 만나기

'ㅍ' 리듬 활동

아름다운 말이 / 하늘에서 내려옵니다.

아름다운 말이 / 내 입에서 흘러나옵니다.

고요한 마음과 귀로 / 아름다운 소리를 듣습니다.

그 소리를 손으로 또박또박 씁니다.

아름다운 말과 글이여

고요히 빛나는 사랑과 감사여

— 계절 노래

— 'ㅁ' 시 낭송하기

— 'ㅂ' 시 낭송하기

★ 글자를 만나기 전에 몸과 마음을 깨우는 활동입니다. 가르치는 자음이나 모음에 어울리는 노래나 리듬 활동을 다양하게 활용할 수 있어요.

'ㅍ' 이야기 들려주기

(참고: 서정오. 2012. 「옛 이야기 보따리」. 보리)

● 오늘도 재미있는 이야기를 하나 들어 보자.

도깨비 터에 집을 짓고 예쁜 색시랑 결혼해서 아들딸 낳고 잘살다가 이번에는 소금 장사를 했더래. 소금을 팔며 다니다가, 하루는 어떤 고개를 넘게 되었어. 고갯마루에 커다란 참나무가 있는데, 그늘이 넓어서 쉬기에 좋겠거든. 그래서 참나무 아래에 소금 짐을 받쳐 놓고 쉬었지. 쉬다 보니까, 사마귀란 놈이 풀 섶에서 슬금슬금 기어 나오더니 참나무 아래에서 풀 하나를 따가지고 이마에다 딱 붙이더라는 거야. 그러니까 그만 사마귀란 놈이 안 보여. 그렇게 해 가지고 매미 옆으로 다가가 잡아먹는 거야. 사마귀가 매미를 잡아먹고는 그 나뭇잎을 떼어서 돌멩이에 턱 떨어뜨리니까, 이번에는 돌멩이가 갑자기 안 보여. 소금장수가 더듬더듬 풀잎을 찾아서 들어내니까 돌멩이가 다시 보이더래.

'야, 이건 참 이상한 풀이로군.' 소금장수는 그 풀을 주머니에 잘 넣어 가지고 갔어.

이 마을 저 마을 돌아다니면서 소금을 다 팔고 집으로 들어갔지. 사립문 앞에서 그 풀을 꺼내어 이마에 딱 붙이고 집 안으로 들어가니 식구들이 아무도 몰라. 소금장수가 말을 했더니 아이들이, "어, 이상하다. 아버지 목소리는 들리는데 아버지는 왜 안 보이지?" 하는 거야.

소금장수는 이 신기한 풀을 어디에 쓸까 하고 궁리하다가 사냥을 하는 데 쓰기로 했어. 그날부터 소금장사를 그만두고 산에 가서 사냥을 했어. 산토끼나 노루는 말할 것도 없고 꿩이나 메추라기도 손쉽게 잡았지. 그물을 가지고 멧돼지나 호랑이를 잡기도 했어. 이렇게 잡은 산짐승을 팔아서 곡식도 사고 옷도 사서 아주 잘살았지.

그런데 요 신기한 풀잎이 또 다른 재주가 있다는 걸 알게 됐지. 입에 물고 불면 풀피리가 되어 참 소리가 고왔단다. *필릴리 필릴리* 아주 예쁜 소리가 *피어났어*. 마치 *파란* 바람이 부는 것 같은 소리였어. 그래서 밤낮 *피리*를 부니 *피리*를 아주 썩 잘 불게 되었어. 구슬픈 가락을 불면 듣는 사람이 저절로 눈물이 나고, 흥겨운 가락을 불면 듣는 사람이 저절로 춤이 덩실덩실 나올 만큼 잘 불었단 말이야. 그런데 하루는 산속에 들어갔다가 날이 저물었어. 나무 밑에서 잠을 자는데 한밤중에 호랑이가 나타난 거야. 얼른 나무 위로 올라갔어. 그러니까 호랑이들이 목말을 타고 올라오네. 사냥꾼이 앉아 있는 나뭇가지 바로 밑에까지 올라왔어. 사냥꾼은 너무 무서웠어. 그래서 죽기 전에 *피리*나 불어 보자 했지. *필릴리 필릴리* 피리 소리가 펼쳐지니까, 호랑이들이 모두 눈물을 줄줄 흘리네. 옳다구나 하고 이번에는 흥겨운 가락을 막 불었어. *필릴리 필릴리* 신나게 부니까. 호랑이들 어깨를 들썩들썩 하고 궁둥이를 빼딱빼딱 하면서 춤을 추거든. 그 바람에 목말이 와르르 무너지면서 위에 있던 호랑들이 모두 떨어져 버렸지. 그 틈을 타서 얼른 요술 풀을 이마에 딱 붙여가지고 호랑이 틈을 빠져나왔더래.

'프' 그림 보여 주기

★ '프'를 형상화할 수 있는 그림을 그려서 보여 줍니다. 그림은 이야기와 관련 있는 장면을 골라, 수업 시작 전에 그려 두었습니다.

- 선생님이 어제 해 준 이야기 기억 나?
  - 네. 소금장수 풀피리 이야기요.
- 선생님이 이번에는 소금장수 풀피리 이야기에서 글자를 찾았어.
  - 그림에서 '프'를 찾아 이야기를 나눈다.

칠판 그림

'프' 그림 그리고 '프' 떠올리기

- 공책에 '프' 그림을 그려 보자.

★ 교사 그림을 따라 그릴 수도 있고, 자신의 생각을 덧붙일 수도 있습니다.

학생 그림

'프' 소리내기

- 프프프 소리를 내보자. '프'는 어디에서 소리가 날까?
  - 입술에서 나요. 'ㅁ'랑 'ㅂ'랑 비슷해요.

하늘에서 온 글, 한글

📖 두 번째 수업

몸으로 'ㅍ' 익히기, 'ㅍ' 시 쓰기

리듬 활동(여는 시)

> — 'ㅍ' 말놀이
>
> — 계절 노래
>
> — 'ㅁ' 시 낭송
>
> — 여는 시

몸으로 'ㅍ' 만들기

★ 혼자서, 둘이서, 셋이나 넷이서, 전체 학생이 함께 글자를 만듭니다.

훈민정음의 글자 짓기에 따른 새 한글 지도안

콩주머니로 'ㅍ' 만들기

쓰는 순서대로 걸어 보기

★ 긴 끈이나 줄넘기 줄을 이용하여 바닥에 글자를 그리고, 한 명씩 획순대로 걸어 봅니다. 아이들은 가로획, 세로획보다는 '건너금', '내리금'이라는 말을 잘 알아들었습니다.

- 글씨 쓰는 순서대로 걸어 보자.
  - 끈으로 만든 글자 옆을 글씨 쓰는 순서대로 걷는다.

    (건너금, 내리금, 내리금, 건너금)

'ㅍ' 소리 내며, 손가락으로 써 보기

- 교사는 칠판에, 아이들은 허공에 획순대로 써 본다.
- 손가락으로 쓰면서 따라 읽어 보자.

'ㅍ' 시

- 오늘은 이야기를 시로 써 볼 거예요.

신기한 풀피리 / 필릴리 필릴리

파란 바람 사이로 / 파란 마음 펼쳐요

파란 소리 피어요 / 필릴리 필릴리

- '￼ㅍ'자가 들어가는 곳에서 박수치며 해 보자.

- 'ㅍ'자가 들어가는 곳을 높게 소리 내며 해 보자.

- 몸동작과 함께 해 보자.

공책에 'ㅍ' 시 따라 쓰기

- 공책에 천천히 'ㅍ'이 들어가는 낱말을 써 본다.

  (칠판을 보고 따라 '그린다'.)

★ 시를 여러 번 읽고 'ㅍ'이 들어간 곳에서 박수를 치거나 발 구르기를 하면 됩니다. 처음에는 시를 보고 따라하고 익숙해지면 보지 않고 하도록 해 봅니다.

★ 시 내용과 어울리는 동작을 미리 만들어도 되고 아이들이 제안하는 것으로 바꿔도 됩니다.

★ 이 시기의 아이들의 글자 쓰기는 '쓴다'는 말보다는 '따라 그린다'는 말이 더 어울립니다. 아이들은 선생님의 글씨를 따라 그리며 글자 형태에 익숙해집니다. 공책은 크레파스로 글씨를 쓸 수 있을 만큼 크게 만드는 것이 좋겠습니다.

📖 세 번째 수업
'교' 낱말 찾아 쓰기

'교' 리듬 활동

> — 계절 노래
>
> — '교' 시 낭송하기(몸동작도 함께)
>
> 신기한 풀피리 / 필릴리 필릴리
>
> 파란 바람 사이로 / 파란 마음 펼쳐요
>
> 파란 소리 피어요 / 필릴리 필릴리

'교'가 들어가는 낱말 찾아 발표하고 쓰기

★ 발표한 낱말을 칠판에 써 줍니다. '교'가 들어가는 부분은 붉은색이나 잘 보이는 색으로 쓰면 좋아요.
여러 가지 색분필이 있다면 노란색으로 쓰는 것도 좋겠습니다.

★ 낱말을 엮어 이야기를 꾸미고 그림으로 그리고, 발표하는 활동도 해 볼 수 있어요.

- '프', '프', '프' 자가 들어가는 말~ 찾아서 발표해 보자.
  - 파도, 파랑, 포도, 풀, 풀잎, 퐁퐁, 푸르다, 펄럭펄럭, 팽이, 풍덩, 퐁당퐁당, 피리, 펄펄, 피라미
- 공책에 써 봅시다.

문장 만들어 말하기

- 칠판에 적어 준 낱말을 두 개나 세 개 골라서 문장을 만들어 보자.

142

제2장

마음 밭 다지기

- 여는 시
- 글자 이야기
- 몸 놀이(라이겐)
- 우리 말 글 노래

여는 시

아름다운 말이

하늘에서 내려옵니다.

아름다운 말이

내 입에서 흘러나옵니다.

고요한 마음과 귀로

아름다운 소리를 듣습니다.

그 소리를 손으로 또박또박 씁니다.

아름다운 말과 글이여

고요히 빛나는 사랑과 감사여

글자 이야기

✏️ **글자 이야기**

(참고: 편해문. 2013. 『속임수로 세상을 차지한 소별왕』. 소나무)

옛날 옛날 아주 먼 옛날, 세상이 처음 생겨 날 때에는 하늘과 땅이 하나였단다.

하늘과 땅이 한 덩어리로 맞붙어 해도 없는 낮, 달도 없는 밤이라

온 세상은 밤도 캄캄하고 낮도 캄캄하고 아주 추웠단다.

그 덩어리가 세상 첫 날, 스스로 금이 가면서 하늘과 땅이 조금씩 갈라지기 시작했어.

하늘이 위로 올라가고 땅은 아래로 내려갔지.

그 사이로 하늘과 땅이 생기고 그 가운데는 맑디맑아 바람 한 점, 구름 한 점 없었더란다.

얼마 지나 하늘에서 푸른 이슬이 내리고, 땅에서는 검은 이슬이 솟아오르고

그 사이에서 붉은 이슬이 피어나더니 한데 어울려 물이 생겼어.

동쪽 하늘에는 푸른 구름이, 서쪽 하늘에는 흰 구름이,

남쪽 하늘에는 빨간 구름이, 북쪽 하늘에는 검은 구름이,

가운데에서는 누런 구름이 뒤섞여 바다를 만들었단다.

강과 바다가 생겨 흐르고 고이니 그 옆에 들과 산도 생겼지.

날개는 땅을 다 덮고, 꼬리는 땅 끝까지 닿는 커다란 닭이 하늘을 보고 울자

세상 첫날도 밝았더란다. 이때 하늘과 땅을 모두 다스릴 하늘왕도 세상에 왔지.

처음에는 하늘에서 손을 뻗으면 땅에 닿을랑 말랑 했단다.

하늘에 살고 있는 하늘왕은 사람 구경을 좋아해서 사람들에게 재미나고 지혜로운 이야기를 들려주었어. 사람들도 하늘왕의 이야기를 아주 좋아했단다.

사람들은 어려운 일이 생길 때마다 하늘왕의 이야기를 들으며 해결하곤 했어.

그러나 땅에 살고 있는 사람들이 점점 싸우면서 다툼이 끊이지 않았어.

심지어 하늘 가까이에 있던 어떤 사람들은 나뭇가지로 하늘에 있는 하늘왕을 콕콕 찌르기도 했지.

하늘왕은 너무 아프고 괴로웠어. 사람들에게 실망하기 시작했어.

땅에 살고 있는 사람들도 서로 싸우느라 하늘왕의 이야기를 점점 잊어버리기 시작했어.

너무 힘들고 슬픈 하늘왕은 점점 더 높이 올라가 사람들에게서 멀어졌지.

그러자 어떤 때는 타는 가뭄으로 곡식이 마르고,

어떤 때는 비가 너무 많이 와서 강물이 넘쳤어.

그제야, 사람들은 하늘왕을 생각하고 다시 내려와 달라고 부탁했지.

하늘왕에게 다시 평화로운 세상을 만들기 위해 아름답고 지혜로운 이야기를 들려 달라고 간청했어.

그러나 하늘왕은 다시금 사람들이 있는 곳으로 내려오기가 싫었어.

대신에 사람들에게 이야기를 전해 줄 '글자'를 선물로 주기로 했단다.

별님, 해님, 달님이 하늘에서 땅에 빛을 가득 비추었어.

빛을 타고 소리씨앗이 내려왔단다. 그리하여 세상의 모든 것들에는 이름이 생겨났단다.

몸 놀이 (라이겐)

하늘 (박수), 아름다워라 찬란한 하늘 (두 팔을 위로 올리며)

땅 (발을 구르고), 든든하게 받쳐 주는 땅 (두 팔을 양옆으로 벌리고)

사람 (똑바로 서서), 이 안에 우리가 서 있습니다. (한 손은 위로 한 손은 아래로)

하늘 (박수), 처음 열리는 하늘

하늘 (박수), 새롭게 맞이하는 하늘

하늘 (박수), 돌고 도는 하늘

환히 빛나고, 환히 빛나고, 환히 빛나고,

하늘 (박수), 나에게로 온 하늘

하늘이 점점 내 안으로 들어옵니다. (동그랗게 서서 점점 안으로 모여든다.)

나는 하늘을 품고 작은 우주가 됩니다.

나는 빛나는 하늘이 됩니다. (위에서 아래로 내려오는 동작으로 앉아 동그랗게 만들어 손 가슴 모으고 몸을 움츠리며 앉는다.)

땅 (발을 구르고), 강물이 흘러가는 땅, (앉아서)

땅 (발을 구르고), 산들이 우뚝 솟은 땅 (일어서며)

땅 (발을 구르고), 새싹이 돋아나는 땅,

발을 디디고, 발을 디디고, 발을 디디고

땅 (발을 구르고), 나에게로 온 땅 (양팔을 벌리고)

땅이 점점 내 안으로 들어옵니다.

나는 땅을 품고 작은 우주가 됩니다. (팔을 위로 동그랗게)

나는 단단한 땅이 됩니다. (팔을 펼치며)

나는 머리에서 발끝까지 빛나는 하늘입니다. (손 가슴에서 팔 위로 동그랗게)

나는 가슴에서 손끝까지 단단한 땅입니다. (손 가슴에서 팔 끝까지 펼치기)

나는 하늘과 땅을 품고 곧게 서 있습니다. (팔 위 아래로)

하늘과 땅은 내 안에서 하나가 됩니다. (태극 모양 그리며 가슴으로 모은다)

그리하여 온 세상은 저마다 이름을 갖게 되었답니다.

온 누리 으뜸인 땅 **으**

하늘과 땅 사이 살아 있는 모든 **이**

오 놀라워라 기쁜 소리 **오**

환한 아침 햇살 아름다워 **아**

우주 속 우리 모두 **우**

서로서로 어울리는 **어**

하늘에서 온 글, 한글

우리 말글 노래

아름다운 홀소리

작사 한글울타리/작곡 임숙자

온 누 리　　으 뜸 인 땅　　　(으)

온 생 명　　살 아 있 는 모 든　(이)

오 놀 라 워　　기 쁜 소 리　　(오)

환 한　　아 침 햇 살 아 름 다 워　(아)

우 리 모 두　　우 렁 차 게　　(우)

서 로 서 로　　어 울 리 는　　(어)

훈민정음 우리노래

작사 한글울타리/작곡 임숙자

훈민정음 우리노래

닿소리
짝짝짝 ㄱ ㅋ
짝짝짝 ㄴ ㄷ ㅌ ㄹ
짝짝짝 ㅁ ㅂ ㅍ
짝짝짝 ㅅ ㅈ ㅊ
짝짝짝 ㅇ ㅎ
짝짝짝 열 네 자에

홀소리
짝짝짝 으 이
짝짝짝 오 아 우 어
짝짝짝 요 야 유 여
짝짝짝 열 자에

늘-   바 른 말 글   한 글 되 었   네

제3장

홀소리(모음) 자료

天地人 (·ㅡㅣ)

초출 모음 (ㅗㅏㅜㅓ)

재출 모음 (ㅛㅑㅠㅕ)

천(天) · 지(地) · 인(人)

·
ㅡ
ㅣ

🫖 훈민정음 해례본

• 는 혀가 오그라져 소리가 깊으니 하늘이 자시(子時)에 열린 것과 같이 맨 먼저 만들어졌다.
둥근 모양은 하늘을 본떴다.

본뜬 것	하늘의 둥근 모양을 본뜸	만들어진 순서	첫 번째(하늘이 열림)
소리	혀가 오그라져 깊은 소리	성질	하늘(天)
		뜻	변화를 일으킴
해석	아래아(•)는 모음의 첫 소리로서 천지인 삼재에서는 천, 오행으로는 5토의 뜻을 가진다. 해례본에서는 •가 천개어자(天開於子)에서 나서 둥근 모양이 하늘을 본떴다고 한다. 아래 그림에서 해자축은 수(북), 인묘진은 목(동), 사오미는 화(남), 신유술은 금(서)에 해당한다. •는 오행으로는 수 자리에서 나왔다고 하면서 5토가 붙어 있고 '하늘'을 닮았다고 쓰여 혼란을 일으킬 수 있다. 그러나 동양에서는 오행 수를 '태극'으로 봐서 한 해의 운동이 여기서 시작한다고 보았고 바로 그 '최초 운동 발생 힘'이란 점에서 '하늘'이라 표현한 것이다. 자는 동지가 있는 달로 한 해를 이끌어 가는 양 기운이 첫 발생하는 지점이다. 또			

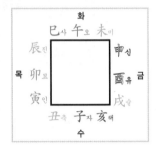
이야기

멀고 먼 우주는 너무 크고 아득해서 그 세계를 본 사람은 아무도 없었어. 하늘왕의 이야기를 통해서 끝없이 펼쳐진 우주의 이야기들을 전해들을 수 있었지만 그 이야기마저 이제 들을 수 없게 되자, 하늘왕은 사람들에게 글자를 선물로 주기 위해 '소리씨앗'을 세상에 내려 보냈단다. 그리하여 온 세상은 저마다 이름을 갖게 되었지. 커다랗고 커다란 하늘이 작아지고 작아져서 하늘의 소리 '•'소리와 함께 밝은 빛이 되어 우리에게 다가왔단다.

그 빛은 해님도 되고, 달님도 되고, 별님도 되었단다.

하늘의 수많은 별들은 하늘에 다 같이 모여서 반짝거렸지.

세상이 아무 움직임도 없이 고요하고 고요하던 어느 날 하늘이 첫 번째로 열리더니 '•'소리와 함께 환한 해님이 찬란한 빛을 품고 나왔어요. (노랑색) 커다랗고 커다란 하늘이 작아지고 작아지고 또 작아져 (굴봉색 → 주황색) 씨앗만큼 작아져 (빨강색) 내 입안으로 쏙 들어 왔어요. '•' 하늘왕이 우리에게 준 첫 번째 소리씨앗이란다.

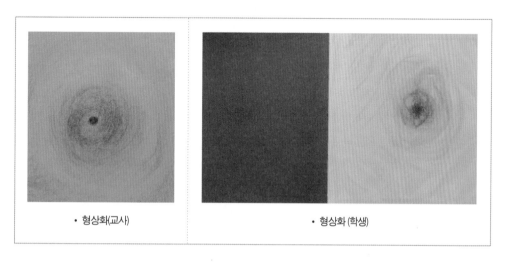 • 시

하늘 (박수), 처음 열린 하늘

하늘 (박수), 새롭게 시작하는 하늘

하늘 (박수), 돌고 도는 하늘

환히 빛나고, 환히 빛나고, 환히 빛나고

하늘 (박수), 나에게로 온 하늘

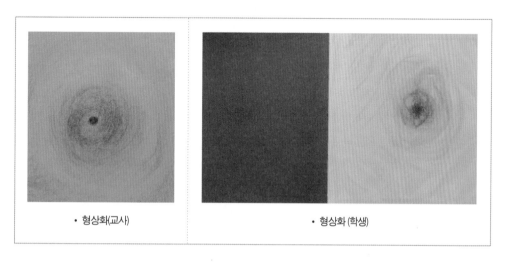 활동 자료

• 형상화 (교사)	• 형상화 (학생)

ㅡ 땅이 두 번째로 열리다

훈민정음 해례본

ㅡ는 혀가 조금 오그라져 소리가 깊지도 얕지도 않으니 땅이 축시(丑時)에 열린 것처럼 두 번째로 만들어졌다. 평평한 모양은 땅을 본떴다.

<table>
<tr><th>본뜬 것</th><td>땅의 평평한 모양을 본뜸</td><th>만들어진 순서</th><td>두 번째(땅이 열림)</td></tr>
<tr><th rowspan="2">소리</th><td rowspan="2">혀가 조금 오그라져
깊지도 얕지도 않은 소리</td><th>성질</th><td>땅(土)</td></tr>
<tr><th>뜻</th><td>종합, 이음, 지속</td></tr>
<tr><th>해석</th><td colspan="3">ㅡ는 두 번째 모음으로 子 다음인 축(丑)의 자리에서 나왔다고 한다.(지벽어축야, 地闢於丑也) 땅의 의미는 하늘을 좇아 대응하는 힘이다. 동양의 천지는 물리적 하늘, 땅뿐 아니라 양/음, 작용/반작용을 뜻하는 것이기도 한 점을 유의해야 한다. 기본자는 모두 변화 주도하는 역할인데 ㅡ는 그중 역동적인 변화보다는 종합과 상태 수렴의 뜻이 강조된 음토, 10토의 뜻이 부여되어 있다. 이는 스스로는 땅(토대, 기반, 틀)의 뜻을 가지고 아래아 •와 만나 자연에 기초한 여러 본능적 감정 작용을 조합해 내는 기초가 된다. 단독으로 쓰일 때 의미는 수렴, 종합, 지속 등이다.</td></tr>
</table>

📠 _이야기

세상이 열리고 첫 번째로 하늘이 만들어지고, 그 하늘을 바탕으로 두 번째 땅이 만들어졌단다.

하늘이 점점 위로 올라가고, 땅은 점점 아래로 내려왔지.

얼마 지나 하늘에서 파란 이슬이 내리고, 땅에서는 검은 이슬이 솟아오르고 그 사이에서 붉은 이슬이 피어나더니 한데 어울려 물이 생겼어.

처음에 땅은 물이 너무 많아 질척거렸어. 풀도 나무들도 잘 자랄 수 없었지.

밝은 아침이 찾아오고 하늘의 해님이 빛을 가득 품어 내자,

푸른 하늘이 펼쳐지고, 땅이 단단해지기 시작했단다. 물이 모이고, 뭍이 생겼지.

동쪽 하늘에는 푸른 구름이, 서쪽 하늘에는 흰 구름이, 남쪽 하늘에는 빨간 구름이, 북쪽 하늘에는 검은 구름이, 가운데에서는 누런 구름이 뒤섞여 바다를 만들었단다.

강과 바다가 생겨 흐르고 고이니 그 옆에 들과 산도 생겼지.

땅 위로 새싹이 돋고, 어여쁜 꽃들이 피어나고, 나무들이 자라기 시작했어.

졸졸졸 시냇물이 흐르고, 동물들이 뛰어다녔지.

하늘만큼 끝없이 펼쳐진 드넓은 땅은 온 세상에 평평하게 내려앉았단다.

하늘왕이 우리에게 준 두 번째 소리씨앗 '_'란다.

땅에는 하늘왕의 아들이 두 명 있었는데, 대별왕과 소별왕이란다.

욕심 많은 소별왕이 땅 위의 세상을, 대별왕이 땅 아래의 세상을 다스리게 되었단다.

소별왕이 다스리는 땅 위에는 어떤 세상이 있을까?

대별왕이 다스리는 땅 아래에는 어떤 것들이 있을까?

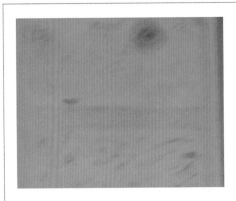

☕ ㅡ 시

땅 (발을 구르고), 강물이 흘러가는 땅, (앉아서)

땅 (발을 구르고), 산들이 우뚝 솟은 땅 (일어서며)

땅 (발을 구르고), 새싹이 돋아나는 땅,

발을 디디고, 발을 디디고, 발을 디디고

땅 (발을 구르고), 나에게로 온 땅 (양팔을 벌리고)

☕ 활동자료

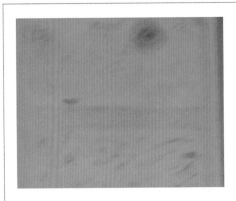

ㅡ 형싱화 (교사)

ㅡ 형싱화 (학생)

1

사람이 세 번째로 생기다

📖 훈민정음 해례본

ㅣ는 혀가 오그라지지 않아 소리가 얕으니 사람이 인시(寅時)에 생긴 것처럼 세 번째로 생겼다. 일어선 모양을 한 것은 사람을 본떴다.

본뜬 것	사람의 일어선 모양을 본뜸	만들어진 순서	세 번째(사람이 생겨남)
소리	혀가 오그라지지 않아 얕은 소리	성질	특정한 성질을 초월함
		뜻	세움, 마침, 사람의 개입, 종결
해석	•, ㅡ가 천지로서 자연 순환 운동의 첫 작용과 반응을 나타낸 것이라면 세 번째인 ㅣ는 그 종합을 통해 새로운 현상이 출현함을 뜻한다. 그것이 '사람'의 의미이다. 그러므로 천지와 마찬가지로 이 '사람'도 '인간'에 한정해서 보면 안 된다. 자축인의 세 번째인 인은 인간뿐 아니라 모든 '삶'(사람은 삶을 풀어 쓴 말)이 태어남(=일어섬)이다. 그러므로 특히 '직립 인간'으로 ㅣ를 해석하는 것은 금물이다. 모든 생명, 유동적 상황의 한 매듭 지음으로 이해해야만 제자해의 취지에 맞다. 이를 통해 자연과 인간이 하나라는 유기적 세계관을 전달하는 것도 중요한 전통적 시각이다.		

ㅣ는 모든 모음 중에 특별한 위상이 있는데, 해례본에 따르면 '사람'은 소우주라서 특정한 숫자나 오행으로 규정할 수 없다고 한다. 그래서 모든 자모음 중에 ㅣ만 예외적으로 숫자와 오행이 부여되지 않는다. 그런데 이는 '특정' 수나 오행 적용이 안 된다는 것이므로 오히려 모든 수와 오행이 적용되기도 한다는 뜻이다. 한마디로 종합 중의 종합이요 종결 중의 종결인 셈이다. 그래서 ㅣ가 들어가면 '종결'이나 '행위의 마침'이 되기도 하고 함께 붙는 글자의 음양 성격을 바꾸기도 한다. 가령, ㅣ+ㅗ는 소리로는 ㅛ로 발음되는데, 숫자와 오행의 음양은 뒤집어진다. ㅗ는 1수인 데 반해 ㅛ는 2화이다. 수의 홀짝과 오행의 음양이 모두 바뀌어 버리는 것이다. 그러므로 ㅣ 자체의 뜻은 앞서 있는 특정 상태를 매듭짓고 다음 상태로 음양 전환을 유도하는 데 있다.

ㅣ 이야기

세상이 열리고 첫 번째로 하늘이 만들어지고, 두 번째로 땅이 만들어지고 그 하늘과 땅을 바탕으로 세 번째로 사람이 만들어졌단다.

땅에 살던 대별왕과 소별왕이 하늘왕을 만나러 가고 싶었지.

그래서 하늘왕이 준 박씨를 하나씩 심었더니 따스한 한 줄기의 햇살이 하늘 위에서 땅 위로 곧게 내려왔어. (노란 빛으로 하늘에서 땅으로 내려오며 그리기)

그러곤 금세 박 두 줄기가 서로 감고 하늘로 뻗어 올라갔단다.

대별왕과 소별왕은 그 줄기를 따라 하늘나라로 올라가서 하늘왕을 만날 수 있었지.

하늘왕을 만난 대별왕과 소별왕은 다시금 땅에 내려와 하늘왕이 시킨 대로 인간 세상을 다스리게 되었단다. 처음 인간 세상은 해와 달이 둘씩이어서 낮에는 너무 뜨겁고, 밤에는 너무 추

하늘에서 온 글, 한글

워서 사람 살기가 너무 힘들었단다. 대별왕이 해를 하나 쏘아 동해 바다에 떨어뜨려 북쪽 하늘에다 숱한 별을 만들고, 소별왕이 달을 쏘아 서해 바다에 떨어뜨려 남쪽 하늘에다 숱한 별을 만드니, 해 하나는 동쪽으로 뜨고 달 하나는 서쪽으로 지게 되어 타는 가뭄도 홍수도 줄어들고, 사람들이 살 수 있게 되었단다.

하늘에 하나씩 남은 해와 달이 온 세상을 비추어 주자, 낮과 밤이 생기고, 밝음과 어둠이 생겨 세상의 모든 것들이 빛을 품고 생명들이 자라났지.

하늘과 땅은 사람 안에서 어우러지며 세상을 밝히는 빛이 되었단다.

하늘왕이 우리에게 준 세 번째 소리씨앗 'ㅣ'란다.

☕ ㅣ 시

나는 머리에서 발끝까지 빛나는 하늘입니다. (손 가슴에서 팔 위로 동그랗게)

나는 가슴에서 손끝까지 단단한 땅입니다. (손 가슴에서 팔 끝까지 펼치기)

나는 하늘과 땅을 품고 곧게 서 있습니다. (팔 위 아래로)

하늘과 땅은 내 안에서 하나가 됩니다. (태극 모양 그리며 가슴으로)

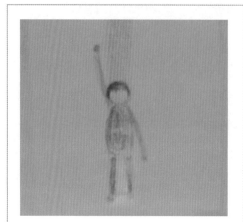

｜형상화(교사)

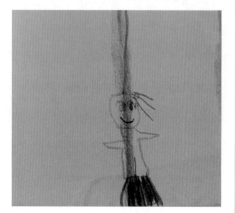

｜형상화(학생)

글자를 만들어요

하늘, 땅, 사람이 만나 모음이 되다

※ 165~166쪽의 그림 사진들과
'소리씨앗'의 홀소리 'ㅏ' 'ㅓ'
'ㅜ' 'ㅗ' 여행 이야기
출처: 통전연구소 김희동 강의
자료 중에서 인용함.

 이야기

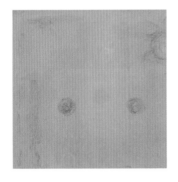

홀소리 'ㅏ'

아름다운 햇살을 타고 땅으로 내려온 소리씨앗은

찬란한 아침이 되었습니다.

세상의 빛을 따라 밖으로 나아갔어요.

홀소리 'ㅓ'

어스름한 달빛이 비칠 때는 어둠이 되었답니다.

저 멀리 안으로 들어가 보렴.

깊고 깊은 어둠속으로 들어가 보렴.

소리씨앗은 아침과 어둠 사이에는

어떤 세상이 펼쳐지는지 궁금해 하였지요.

그리고 세상은 어떻게 되었을까요?

홀소리 'ㅜ'

늘 곁에 있던 바람이
"더 깊은 어둠 속으로 들어갈 수도 있어."라고 얘기해 주었
어요.
그래서 소리씨앗은 드넓고 적막한 땅속 깊은 곳 (ㅡ)
더 어둠으로 들어갔지요. (ㅜ) 아래로아래로 이끌어 갔어요.

홀소리 'ㅗ'

해가 뜨고, 달이 뜨고, 여러 날이 지나자,
쏘옥 쏘옥 새싹이 땅을 뚫고 솟아 올라와 고개를 내밀어
예쁜 꽃으로 피어났어요. (ㅗ)
다시 아침이 되어 새로운 희망들이 피어났어요.
땅 위에도, 땅속에도 생명의 빛이 내려왔어요.

홀소리 'ㅗ ㅏ ㅜ ㅓ'

드넓고 적막한 땅에는 새 생명들로 가득해졌습니다.
꼼지락 꼼지락 소리씨앗들이
고개를 내밀어 땅 위로 솟아오르고 (ㅗ)
햇볕을 향해 밖으로 나아가고 (ㅏ)
아래로아래로 이끌어 가고 (ㅜ)
어둠 안으로 들어가서 (ㅓ)
자기만의 모양과 색을 만들며 점점 자라났어요.

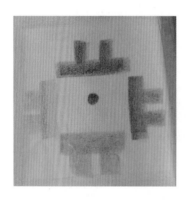

홀소리 'ㅛ ㅑ ㅠ ㅕ'

불처럼 활활 타오르고 (ㅛ)
돌처럼 단단하고 굳세게 (ㅑ)
물이 유유히 휘감아 돌고 돌아 (ㅠ)
나무처럼 쑥쑥 자라 (ㅕ)
열매 속에 소리씨앗이 자랍니다.

그리하여
세상의 모든 것들에 저마다 이름이 생겼습니다.
바람은 그런 소리 씨앗을 실어 멀리 여행을 시작합니다.

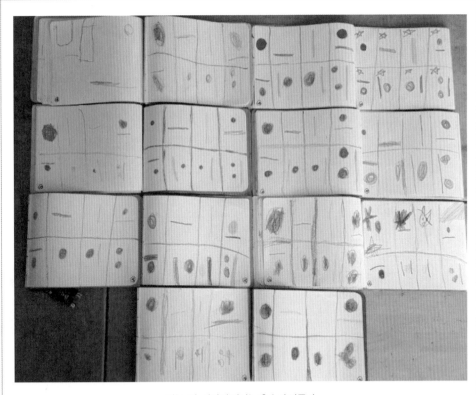

활동 자료: 하늘, 땅, 사람이 만나 모음이 되다

세상이 열리고 하늘이 생기고, 땅이 생기고, 사람이 생겼어요.

하늘왕이 우리에게 준 소리씨앗

• ＿ ｜ 가 모여 홀소리가 만들어졌어요.

이 세상의 모든 것들에 이름이 생겨났지요.

하늘, 땅, 사람이 서로 만나니까 외롭지 않고 행복해요.

하늘, 땅, 사람이 만나는 홀소리 만들기

초출 모음

ㅗ ㅏ

ㅜ ㅓ

ㅗ　•와 ─가 어울려 이룸, 위로 오름

🍶 훈민정음 해례본

ㅗ ㅏ ㅜ ㅓ 는 하늘과 땅에서 비롯되어, 처음으로 생긴 것이다. (초출, 初出)

ㅗ는 하늘에서 먼저 생겼는데, 천수(天數) 1은 물을 낳는 자리이다.

ㅗ는 •와 같으나 입이 오그라지며, 그 모양은 •와 ─가 어울려 이룸이며, 하늘과 땅이 처음

어우르는 뜻을 취하였다.

모양	•와 ─가 어울려 이룸	색	검정
오행	물(水)	수(數)	1
4계절	겨울	방위	북쪽
뜻	• 하늘과 땅이 처음 어우름 • 위로 오름(水丞)		
대표 낱말	오르다, 졸이다, 솟다, 높이다, 고이다, 돋다, 모으다, 조이다, 놓다, 솔, 고드름, 고개, 봉, 솟대, 퐁퐁, 초롱초롱, 오~		

해석	숫자 1은 수(a numeral)의 시작이자 '단수'이다. •와 _가 만난 것은 하늘과 땅의 첫 만남인데, 하늘, 땅은 바로 양과 음이기도 해서 이들이 어우러지면 '태극'이 된다. 그래서 ㅗ는 뭔가 첫 만남, 새로움에 대한 경탄의 느낌이 기본 뜻이다. '오'라는 감탄사가 대표적이다. 오행으로 수는 음이기에 '내면'과 관련되고 1이기에 '단독' 혹은 '발생'과 관련된다. '단수'라는 성질은 홀로, 혼자, 외로움 등에서 잘 나타난다. 운동 방향은 '위로 떠오름'이다. 합하면 내면에서 처음으로 무엇인지 떠오르는 느낌이 주된 뜻이다.

🍵 ㅗ 이야기

하늘왕이 선물로 준 소리씨앗이 빛을 타고 땅으로 내려왔어요.

바람이 소리씨앗을 싣고 여행을 시작합니다.

제일 먼저 바람은 하늘과 땅이 처음 맞닿는 곳으로 가 보았어요. (보라색으로 땅 '_'를 그린다.)

콩닥콩닥 소리가 들려오는 땅속으로 소리씨앗을 찾아갔어요.

고드름 꽁꽁 언 추운 겨울 날, 드넓은 땅속 깊은 곳에

동글동글 동그란 소리씨앗이 (동글동글 보라색으로 씨앗을 그린다.)

또르르 또르르 몸을 오므리고 (초록으로 감싸며 동그랗게 옷을 입혀 준다.)

아직 겨울잠을 자고 있어요.

추운 바람이 그치고, 솔솔 봄바람이 따스한 해님을 타고 불어올 때를 기다리며(귤봉색으로 땅 위를 칠해 준다.)

오돌도톨 소리씨앗들이 소곤소곤 속삭이며 추운 바람이 얼른 지나가고, 땅을 뚫고 솟아오를 준비를 하고 있어요.

언제쯤 고개를 쏘옥 내밀까 궁금해지네요.

땅 위를 다스리는 소별왕이 좀 더 따스한 봄볕이 내리쬘 때까지 기다려 달래요.

오~보고 싶어라! 소리씨앗아, 빨리 고개를 내밀어 보렴.

ㅗ 시

동글동글 소리씨앗, 콜~콜~ 땅속에서 자고 있네.

동글동글 소리씨앗, 솔~솔~ 봄바람 소리 기다리네.

동글동글 소리씨앗, 쏘~옥~ 고개를 내밀어 보렴.

ㅗ 활동자료

ㅗ 형상화(교사)

ㅗ 형상화(학생)

- **낱말찾기** : 옷, 오이, 오리, 고기, 오징어, 단오, 동 그라미, 오로라, 콩콩 (*별칭)

  ♬ 오오오 자가 들어가는 말~~

- **이야기 만들기** : 오징어야, 오이처럼 생긴 다리가 열 개 달린 오징어야

  동글동글 동그란 옷을 입고 우리 숲 단오잔치 하러 놀러 올래?

  오로라가 초대해 준대.

  콩콩이도 같이 놀아 줄게.

ㅏ와 • 가 어울려 이룸, 밖으로 발출

🗒 훈민정음 해례본

ㅏ는 그 다음으로, 천수(天數) 3은 나무를 낳는 자리이다.

ㅏ는 • 와 같으나 입이 펴지며, 그 모양은 ㅣ와 • 가 어울려 이룸이며,

우주의 작용은 사물에서 나지만 사람을 기다려 이루어지는 뜻을 취하였다.

모양	ㅣ와 • 가 어울려 이룸	색	청록
오행	나무(木)	수(數)	3
4계절	봄	방위	동쪽
뜻	• 사물에서 나지만 사람을 기다려 이루어짐 • 역동적이며 밖으로 발출(發出)		
대표 낱말	가다, 갈다, 깎다, 낳다, 나가다, 나누다, 자다, 살다, 삭다, 하다, 차다, 바깥, 담, 가죽, 가을		

하늘에서 온 글, 한글

숫자3은 대표적인 양수이다. 의미는 '생명운동의 발현'이다. 오행 '목'은 나무만이 아니라 모든 '생명 운동'을 대표한다. 천지인에서 '인人'도 이와 같은 넓은 뜻으로 쓰인다. 그래서 ㅏ는 ㅣ+ㆍ(아래아)=사람+5토이다. 특정 상태에서 새로운 생명력이 표출됨을 뜻한다. 운동 방향은 '밖으로'이다. '오'가 내적인 느낌인 데 비해 '아'는 외적인 느낌이다. '아기'는 ㅇ(생명의 근원)이 ㅏ(나옴, 발출)해서 기(목+종결 어미=형태 있는 생명체)가 되었다는 뜻이다. '아름다움'은 나타난 운동(ㄹ)이 종합되어(10토 ㅡ+토 ㅁ) ㄷ(윤곽)이 ㅏ(드러남)이다. 이런 의미에서 '아름다움'이란 명사 '앎'과도 일맥상통한다.

ㅏ 이야기

해님이 방긋방긋 웃으며 아침 햇살을 비추어 줍니다.

소리씨앗들이 기지개를 켜며 기뻐했어요.

겨우내 땅속에서 겨울잠을 자던 소리씨앗이 고개를 내밀고 나오더니

햇살을 먹으며 쭉쭉 아빠 나무로 자라납니다.

나뭇가지들이 햇살을 따라 밖으로 가지를 뻗어 나갑니다. (ㅏ)

가지들 사이사이로 겨울 눈이 피어나지요. 파릇파릇 새싹들이 돋아나네요.

가지들이 튼튼해지면 그네를 탈 거예요.

소리씨앗은 바깥으로 점점 키가 자랍니다.

아! 아름다워라.

🍵 ㅏ 시

방긋방긋 아침햇살

나뭇가지 자라나고

파릇파릇 새싹 돋아나고

아름다운 소리씨앗

키가 자라납니다.

🍵 ㅏ 활동 자료

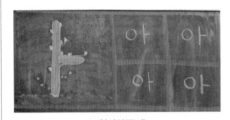

ㅏ 형상화(교사)

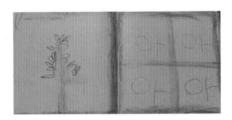

ㅏ 형상화(학생)

- **낱말찾기** : 아기, 아빠, 엄마, 나무, 바다, 사랑, 형아, 러시아, 아파, 산

- **이야기 만들기** : 아침 햇살 먹고 아기나무가 자라요.
  산들바람 먹고 아기나무가 자라요.
  커다란 나무는 아빠 나무
  아빠 팔은 재미있는 그네 놀이터
  나는 아빠를 사랑해요.

낱말 쓰고 그리기

ㅜ　　—와 · 가 어울려 이룸, 아래로 이끎

📖 훈민정음 해례본

ㅜ는 —와 같으나 입이 오그라지며, 그 꼴은 — 와 · 가 어울려 이룸이며,

역시 하늘과 땅이 처음 어우르는 뜻을 취함이라.

ㅜ는 땅에서 처음 생겼는데, 지수(地水) 2는 불을 낳는 자리이다.

모양	— 와 · 가 어울려 이룸	색	빨강
오행	불(火)	수(數)	2
4계절	여름	방위	남쪽
뜻	• 하늘과 땅이 처음 어우름 • 아래로 이끎		
대표 낱말	눕다, 구부리다, 숙이다, 죽다, 숨다, 줍다, 묵다, 풀다, 푹 꺼지다, 축 처지다, 쑥 빠지다, 풀이 죽다, 굼뜨다, 꿈을 꾸다, 묵, 물, 우물, 주룩주룩, 우~		

해석	ㅜ(우)는 숫자 2로 음수이자 복수이다. 음수이기에 마치 내면으로 들어가며 음이기에 움츠리고 모이며 복수이기에 무리 짓는 느낌이다. 운동 방향은 '아래로 내림'이다. '우리'는 ㅇ(샘영 근원)이 ㅜ(안으로 모여, 함께) 리(운동하는 것)이다. '누리'는 ㄴ(설음. 화=밝음=밝게 드러남)으로 인해 세상이란 뜻으로 쓰인다. '무리'는 ㅁ으로 인해 여럿이 모였다는 의미를 더하게 된다. 감정으로는 속으로 위축되는 느낌, 두려움 등과 연결된다. '울음'이 대표적이다.

🔊 ㅜ 이야기

쭉쭉 키가 크던 아빠 나무가 자꾸만 시름시름 몸이 아팠어.

키가 크고 가지가 뻗었지만 꽃이 피지 않았거든. 왜 그럴까? 걱정만 하고 있는데

늘 곁에 있던 바람 아저씨가 "뿌리난쟁이가 잠을 자고 있어서 그래. 더 깊은 어둠 속에 있는 불을 찾아오면 예쁜 꽃이 필 거란다."라고 얘기해 주었어. 그래서 소리씨앗은 달빛을 품고 땅속 깊은 동굴속 (ㅡ)으로 주루룩 주루룩 미끄러져 아래로 아래로 내려가 보았어. (ㅜ)

난쟁이들이 싹싹 싹싹 열심히 뿌리를 닦아 주어야 할 텐데,

쿨쿨쿨쿨~~ 깊은 땅굴속에서 뿌리난쟁이들이 자고 있었어.

"일어나 봐, 잠꾸러기 난쟁이야. 얼른 일어나. 아빠 나무가 아프단다. 난쟁이들이 잠만 자서 땅속에 있는 돌들이 단단하게 뭉쳐서 뿌리를 꼼짝 못하게 하고 있어. 어두운 땅속, 더 깊은 곳에 있는 불을 찾아서 뿌리를 따스하게 감싸 주어야 해. 나 좀 도와줘."

우두머리 뿌리난쟁이는 뿌리난쟁이들을 깨웠어.

"얘들아, 우리 힘을 합쳐서 불을 찾으러 가자. 우리가 너무 많이 자서 나무가 아프단다."

뿌리난쟁이들이 서둘러 불을 찾아 아래로아래로 뻗어 내려갔어.

🍵 ㅜ시

쿨쿨 뿌리난쟁이가 잠을 자고 있어

쿨쿨 뿌리난쟁이가 잠을 자고 있어

불을 가져오렴. 불을 가져오렴.

뿌리를 감싸 줄 불을 가져오렴.

🍵 ㅜ 활동자료

ㅜ 형상화(교사)

ㅜ 형상화(학생)

- **낱말찾기** : 우유, 우거지, 우리나라, 두더지, 개구리, 두부, 구급차, 우산, 구름, 국, 울타리, 불, 수수팥떡, 울보, 물뿌리개, 굴, 구멍

- **이야기 만들기** : 개구리와 두더지가 구름 위의 수수팥떡을 먹고 싶어.
  개구리는 풀쩍 뛰어서 구름 위로 올라가고, 땅굴속 두더지는 우산을 쓰고 바람 타고 구름 위로 올라갔지. 개구리와 두더지, 구름 위에서 오순도순 맛있는 수수팥떡을 나누어 먹었더란다.

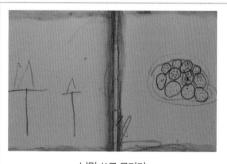

낱말 쓰고 그리기

ㅓ · 와 ㅣ가 어울려 이룸, 안으로 넣음

📭 훈민정음 해례본

ㅓ는 ㅡ 와 같으나 입이 펴지며, 그 꼴은 • 와 ㅣ가 어울려 이룸이며,

역시 우주의 작용은 사물에서 나지만 사람을 기다려 이루어지는 뜻을 취하였다.

ㅓ는 그 다음으로, 지수(地水) 4는 쇠를 낳는 자리이다.

모양	ㅣ와 • 가 어울려 이룸	색	흰색
오행	쇠 금(金)	수(數)	4
4계절	가을	방위	서쪽
뜻	• 사물에서 나지만 사람을 기다려 이루어짐 • 안으로 넣음		
대표 낱말	먹다, 넣다, 절이다, 설, 넉넉하다, 넘치다, 더하다, 머물다, 버무리다, 젓다, 절이다, 어리다, 덤, 얼		

해석	ㅓ는 숫자 4와 금의 뜻을 가진다. 4는 '안정'적인 상태를 의미한다. 네모꼴을 연상하면 된다. 금은 목-화를 거쳐 온 양적 운동을 안정시키고 그 기운을 더하고 쌓는 뜻이 있다. 운동 방향은 ㅏ와 반대로 '안으로'이다. 그래서 '더하기'는 ㄷ(윤곽이 생긴 것)에 ㅓ(안으로 쌓기)하는 것이 된다. '더러운' 것은 뭔가 무질서하게 쌓인 것이 된다. '서는' 것은 ㅅ(강하고 단단함)이 ㅓ(안으로 축적)되어 가능하다. '얼음'은 생명 근원=물(수)이 안으로 쌓이고 응축된 것이다. '어른'은 ㅣ(태극=정신, 얼)이 ㅓ(안으로 쌓여) ㄹ(운동) ㅡ(종합) ㄴ(밝아짐. 설음=화). 즉, 정신이 성숙한 이를 말한다. ㅓ는 감정적으로는 기피하고 위축되는 마음 상태를 뜻하기도 한다.

🍵 ㅓ 이야기

뿌리난쟁이들이 깊고 깊은 땅속으로 들어갔어요.

한참을 내려가니 어둡고 컴컴한 곳을 환하게 비추는 불을 드디어 찾았어요.

이렇게 깊은 곳에도 불이 있었구나~~~. 이 불로 뿌리를 아프게 하는 단단한 돌들을 녹여 줄게.

그래서 우주에서 가장 아름다운 보석보다 더 예쁜 꽃을 피우렴.

뿌리난쟁이들은 불길까지 닿는 땅굴을 파고서는 열심히 불을 날랐어.

끙끙 낑낑, 뿌리난쟁이들이 불을 담아 단단한 돌들을 어루만져 주었지.

그랬더니 단단한 돌들이 불에 녹아 맛있고 달콤한 물로 변했단다.

나무는 온 힘을 다해 뿌리를 통해서 쭈욱쭈욱 꿀물을 빨아 올렸어요.

줄기를 타고 나무줄기 안으로 들어간 꿀물은 나무 구석구석을 흐르며 꼬옥 감싸 안아 주었어요.

엄마 품처럼 따스해졌어요.

"나무야, 나무야 힘내. 뿌리난쟁이가 너에게 예쁜 보석을 선물로 줄게. 보석보다 더 예쁜 꽃을 피우렴."

어디 있나 어디 있나

어두운 땅속의 불

단단한 돌을 녹여 나무를 살렸네

보석보다 더 예쁜 꽃을 피우렴

ㅓ 활동 자료

ㅓ 형상화(교사)

ㅓ 형상화(학생)

- **낱말찾기** : 거지, 엄마, 거북이, 걸어 봐, 정상, 어둠, 지렁이, 없어, 어흥, 오징어, 문어, 어부, 선생님, 붕어빵, 문어, 성

- **이야기 만들기** : 엄마 손은 오징어, 엄마 발은 문어, 엄마 등은 거북이
나는 바다처럼 넓은 엄마를 사랑해요

낱말 쓰고 그리기

ㅛ
ㅑ
ㅠ
ㅕ

11 활기차고 작은 움직임

훈민정음 해례본

ㅛ는 ' ㅣ '에서 일어나 사람을 겸하여 두 번째로 생긴 것이다.

둥근 것이 위에 있는 것은 하늘에서 생겨나 양이 되기 때문이다.

ㅛ와 ㅗ가 같으나 ㅣ에서 시작된다.

ㅛ는 하늘에서 두 번째로 생겼는데, 불을 성숙시키는 자리이다.

모양	작고 분산된 모양	색	빨강
오행	불(火)	수(數)	7
4계절	여름	방위	남쪽
뜻	• 소동(小動), 위로 오름 • 가볍과 발랄한 상태나 움직임		
대표 낱말	요리조리, 요것(봐라), 요동친다(작은 움직임), 요만큼, 용		

하늘에서 온 글, 한글

해석	ㅛ는 ㅣ+ㅗ로서 숫자 7과 양화의 뜻을 가진다. 7화는 성수 중 소양수라고 한다. 작은 양이란 뜻이다.(큰 양은 9) 이때 ㅣ는 5토(아래아)의 역할을 한다. 해례본에서 ㅣ가 무수라는 것은 규정이 없다는 뜻이 아니라 •와 ㅡ 어느 쪽으로도 겸해서 쓰인다는 말이다. 소양수의 특성상 활기차게 움직이는 것들 중 작은 움직임이 ㅛ의 주된 뜻과 느낌이다. '요것, 요놈, 요런, 요기' 들은 다 이런 어감으로 쓰인다. '요란'한 것은 작은 소란들이 난무한 것이고 '요 며칠'은 짧은 며칠을 말하는 것이다.

🍵 ㅛ 이야기

싹싹싹싹 뿌리난쟁이들이 열심히 뿌리를 닦아 주었어요.

저 밑 불을 찾아 어루만져 주었더니, 정말 신기한 일이 벌어졌지요.

요술쟁이가 되었나 봐요.

금세 나무들이 요동치며 줄기를 뻗어 내더니 요것 보세요.

꽃들이 활짝 피어나요. 뜨거운 햇볕을 받아 불꽃들이 춤을 추는 것 같아요.

🍵 ㅛ 시

요술쟁이 뿌리난쟁이가

요래요래 예쁜 꽃망울을 피워요.

요리 봐도 조리 봐도

불꽃같은 꽃들이 피어올라요

🍵 ㅛ 활동 자료

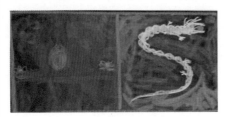

ㅛ 형상화(교사)

ㅛ 형상화(학생)

- **낱말찾기** : 용, 요요, 요술쟁이, 요가, 요(이불), 요플레, 요구르트, 효도, 요정, 용감, 요리

- **이야기 만들기** : 여의주를 물고 용이 하늘로 올라가요.
  하늘까지 가려면 힘들 테니
  요술쟁이 요리 먹고 힘내서 용감하게 올라가렴

가장 기운이 세다,
태양, 밖으로 쌓는다, 공격적이다

🔊 훈민정음 해례본

ㅑ는 ㅏ와 같으나 'ㅣ'에서 시작된다. 하늘에서 생겨나 양이 된다. 쇠를 성숙시키는 자리이다.

모양	극단적 발산	색	흰색
오행	쇠 금(金)	수(數)	9
4계절	가을	방위	서쪽
뜻	• 태양수, 만수, 꽉찬 수, 공격적, 성질이 세다.		
대표 낱말	약손, 약초, 태양, 야생화, 양, 야호, 향기, 냠냠, 양지, 야채, 야들야들, 얌전하다, 얕다, 향긋하다		
해석	ㅑ는 9와 금의 성질을 가져 가장 강하고 센 소리이다. 그래서 공격적인 지시에 '야'가 쓰인다. '야한 것'은 인상이 강한 것이다. '캬'라는 감탄사는 모든 감탄사 중 가장 강한 느낌이다. '향기'도 냄새가 강할 때 쓴다. 주로 후음과 어울려 쓴다. 그러니 9금은 '태양수'로 단적으로 강한 기운이기에 그다지 용도가 많지 않다. 재출자 중 태음이거나 태양인 글자(ㅠ와 ㅑ)는 후음과 어울려 의성어, 의태어로 쓰이는 경우를		

ㅑ 이야기

뿌리난쟁이들은 열심히 뿌리를 닦아 주었어요.

태양도 솟아올라 뿌리난쟁이들을 응원합니다.

나무들은 힘차게 솟아나 활짝 몸을 펼치고, 태양빛을 맞이합니다.

나무 아래 야생화가 "아유 따가워" 이야기하자,

나무가 "조금만 견디렴, 태양빛은 약손이란다. 우리에게 열매도 선물로 주지."라고 타이릅니다.

뿌리난쟁이는 더욱 부지런히 움직입니다.

땅속에는 약초들이 여물어 가고, 땅 위 들녘은 들꽃 향기가 가득합니다.

열매들이 태양을 받아 환하게 익어 가고요.

산양 가족들은 열매를 냠냠 따먹으며 즐겁게 뛰어놉니다.

신이 나서 "야호" 소리를 내면,

태양도, 나무도, 뿌리난쟁이도 "야호" 하고 대답해 줍니다.

🍺 ㅑ 시

들꽃 향기 가득
약초들이 여물고
열매들이 익어 가면
산양 가족들 맛있게 냠냠
야호야호 야야호

🍺 ㅑ 활동 자료

ㅑ 형상화(교사)

ㅑ 형상화(학생)

- **낱말찾기** : 야생화, 태양, 야채, 향기, 양, 약, 야호

- **이야기 만들기** : 얌전한 새끼 양이 밭에 있는 야채를 먹고 있네.
  향기 가득한 야생화 좀 보렴

낱말 쓰고 그리기

ㅠ 아주 아래 가라앉음, 아주 맑음, 투명함

📖 훈민정음 해례본

ㅠ는 ㅜ와 같으나 'ㅣ'에서 시작된다. 땅에서 생겨나 음이 된다.

땅에서 두 번째로 생겼는데, 물을 성숙시키는 자리이다.

모양	극단적 침잠	색	검정
오행	물(水)	수(數)	6
4계절	겨울	방위	북쪽
뜻	아주 아래 가라앉았거나 투명, 아주 맑음, 가장 음적인 음소		
대표 낱말	유리, 육지, 유령, 율마, 윷놀이, 유기농, 육각형, 휴식, 휴지, 귤, 균형 유리딱새: 높은 산 숲속에 사는 겨울새. 수컷은 몸 위쪽에 파랗고 배는 흰데 옆구리는 밝은 주황색이다.		

해석	ㅠ는 6과 수의 성질을 가져 가장 음적인 느낌과 뜻을 갖는다. 태음수이다. 너무 음적이라(음적인 것은 정적이고 멈추는 것) 별로 쓰이지 않는다. 한숨을 쉴 때, '휴'라고 하면 힘이 완전히 빠지는 느낌으로 쓰이는 것이 대표적이다. '유리'는 물이 가지는 투명한 성질이 대상을 동적으로 비추는 성질을 뜻한다. '육'은 ㅠ의 숫자값이 그대로 쓰인 것이다. 육은 숫자 6인데 오행으로는 수고 태음수라 동적인 성질이 희박하다. 육은 ㅇ(후음, 수)가 ㅠ(6수, 태음수)를 만나 고착(ㄱ)된 형상이므로 글자가 그대로 음적이고 정적인 상태를 보여 주고 있다.

🍵 ㅠ 이야기

너른 들판에 핀 야생화도 지고, 쌩쌩 추운 바람이 불어오는 겨울이 되면

높은 산 숲속에 사는 유리딱새가 뷰류뷰류 뷰류루루루~ 노래를 부른단다.

그 노래를 듣고 뿌리난쟁이들은 잠을 잘 준비를 하지. 뿌리를 닦아 주느라 고생했거든.

내내 쭉쭉 기둥을 세우고 가지를 뻗고 자란 나무가 추운 겨울바람에 몸을 움츠리고

뿌리난쟁이랑 함께 겨울잠을 자지. 추운데 어찌 잘까 고민되지?

땅 위를 지키는 소별왕이 혹시나 추울까 보이지 않는 유리 집으로 나무들을 감싸 주어서 끄떡없어. 다시 해님이 비치면 유리 집은 스르르 녹는단다.

그리고 자신의 키만큼 땅속으로 깊게 깊게 뻗었던 뿌리들은 나무들이 다시 클 수 있도록 겨우내 준비를 한단다. 뿌리난쟁이들도 푹 잘 수 있게 땅 아래를 다스리는 대별왕은, 다음 해에도 열심히 일해서 꿀처럼 달콤한 물을 또 만들어 주라고 벌들이 사는 육각형 집처럼 난쟁이들에게 육각형 모양의 보석이 빛나는 유리 이불을 덮어 준단다.

예쁜 뿌리난쟁이들은 쌔근쌔근 잘 자. 또 봄이 오면 나무들이랑 풀이랑 꽃들이 땅 위, 육지로

올라올 수 있게 열심히 뿌리를 지켜 주지. 푹 자면서 긴 휴식을 취하면 더 튼튼해지고 예쁜 꽃을 피울 수 있단다.

🍺 ㅠ 시

유리딱새, 쀼류~ 쀼류~ 울기 시작하면
겨우내 잠을 자는 뿌리들
유리 이불을 덮어 줄게
휴식을 취해야 튼튼하지

🍺 ㅠ 활동 자료

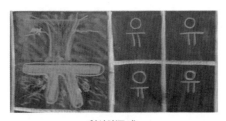

형상화(교사)

형상화(학생)

- **낱말찾기** : 우유, 유모차, 유기농, 육지, 유령, 육각형, 유리, 휴지, 귤, 율마, 유리딱새

- **이야기 만들기** : 육각형 집 안의 꿀벌들이
  유리병 안 가득한
  유기농 우유를 먹고 싶나 봐
  귤이 더 맛있을 것 같아.

낱말 쓰고 그리기

하늘에서 온 글, 한글

ㅕ 안으로 파고드는 힘

🗒 훈민정음 해례본

ㅕ는 ㅓ와 같으나 'ㅣ'에서 시작된다. 땅에서 생겨나 음이 된다.

나무를 성숙시키는 자리이다.

모양	내적으로 활동적이며 부드러움	색	청록
오행	나무(木)	수(數)	8
4계절	봄	방위	동쪽
뜻	• 안으로 파고드는 힘		
대표 낱말	겨울(안으로 아래로 생명력이 숨어 버린다.), 여자, (은은하게 빛나는) 별, 열매, 햇볕, 여름, 병아리, 벼, 영감, 여왕, 여행, 연탄, 여우, 어여쁘다		

| 해석 | ㅕ는 8목이다. 운동 방향은 '안으로'이고 목의 성질이 '추진력'이기에 안으로 파고드는 힘이 주된 느낌과 뜻이다. '겨울'은 ㄱ(생명력)이 안으로 ㅇ(근원)이 아래로 움직이고 순환하는 때이다. '열림'은 안에 있던 근원이 활짝 실현되는 것, 드러나는 것이다. 숫자 '열'이 ㅇ(근원), ㅕ(잠재력의 만개), ㄹ(운동)인 뜻의 확장이다. 어딘가가 '결리'는 것은 속으로 어딘가가 굳어진다는 뜻이다. '별'은 ㅂ(기운의 확산=빛)을 ㅕ(머금고 안으로) ㄹ(운동)하는 무엇이다. |

이처럼 ㅕ는 외유내강의 표상이다. 목이 가진 생명력과 음적인 성질을 고루 갖추고 있다. 기본 감정으로는 내적 열정에 해당한다. '열'자가 대개의 내적 고양을 말하는 낱말들과 연결된 것도 이런 이유에서이다. 열망, 열정, 열의, 열성 등등이 같은 쓰임새이다.

ㅕ 이야기

겨울잠을 푸~욱 자고 난 뿌리난쟁이들이 기지개를 펴고 일어났어요. "아함! 잘 잤다."

겨울 동안 튼튼해진 뿌리가 땅속에서 맛있는 꿀물을 빨아올려 온 나뭇가지마다 보내 주었지요. 뿌리가 밀어 올린 꿀물은 나무 구석구석을 흐르며 나무를 감싸 안아 줍니다. 나무들은 아직도 잠에 취해 있어요. 햇볕이 따사로운 빛을 열심히 품어 내요.

햇볕 사이로 잠깐잠깐 여우비가 내려서 나무를 깨우지요.

"나무야 나무야 얼른 일어나 봄이 왔어." 뿌리난쟁이들도 뿌리를 흔들어 나무를 깨웁니다.

얼른 일어나서 햇볕도 먹고 꿀물도 먹어서 어여쁜 꽃들을 피우렴.

별처럼 반짝이고 여왕처럼 멋진 어여쁜 꽃들을 피우고, 단단한 열매를 맺어야지~~.

하늘에서 온 글, 한글

바람아저씨도 살랑살랑 흔들어 봅니다.

얘들아, 연못 속에 연꽃이 활짝 피고, 어떤 소원이든 들어준다는 여의주 닮은 열매를 맺을 때가 되면 내가 저 멀리 여행을 시켜 줄게. 바람 따라 햇볕 따라 더 넓은 세상 구경을 하자꾸나.

ㅕ 시

여우비가 나무를 깨워요

별처럼 반짝이고 여왕처럼 어여쁜 꽃도 피워요

바람따라 여행을 떠나요

ㅕ 활동 자료

ㅕ 형상화(교사)

ㅕ 형상화(학생)

- **낱말찾기** : 여우, 여의주, 여우비, 겨울, 여름, 열매, 별, 여기저기, 여자, 열 개, 현미

- **이야기 만들기** : 햇별 사이로 여우비가 내렸어. 여우가 별을 먹고 여우별이 되었네.

제4장

닿소리(자음) 자료

어금닛소리(牙音)

ㄱ ㅋ ㄲ

🫖 훈민정음 해례본

어금니는 어긋나고 길어서, 오행의 나무(木)에 해당한다. 어금닛소리는 목구멍소리와 비슷해도 실하기 때문에 나무가 물에서 생겨나지만 형체가 있는 것과 같다. 4계절로는 봄에 속하고, 5음으로는 각(角)음에 속한다.

…ㆁ은 …ㅇ과 비슷하여 마치 나무의 싹이 물에서 나지만 부드러워서 오히려 물 기운이 많다. ㄱ은 나무가 바탕을 이룬 것이요, ㅋ은 나무가 성장한 것이요, ㄲ은 나무가 나이 들어 씩씩하게 된 것이니 여기까지 모두 어금니에서 모양을 취한 것이다.

모양	혀뿌리가 목구멍을 막는 모양	색	청록
오행	나무(木)	4계절	봄
방위	동쪽		

변화	ㆁ	ㄱ	ㅋ	ㄲ
	물속에서 태어난 생명의 싹	생명의 탄생	크게 자라난 생명	나이 들어 씩씩하게 된 생명

뜻	구부러짐, 곡선, 꺾음, 어떤 것의 경계를 지음, 추진력, 운동 발생

대표 낱말	〈ㄱ〉 그네, 그림, 글자, 기차, 곰, 고개, 기러기, 길, 과자, 그물, 굴, 구름, 구부림, 고드름, 고구마, 감자, 강아지, 고래, 구멍, 고양이, 냇가, 바닷가 〈ㅋ〉 콩, 키다리, 코, 코끼리, 크낙새, 키조개, 칼, 크다, 쿵쾅쿵쾅, 쿨쿨, 콸콸, 킁킁, 컹컹 〈ㄲ〉 꽃, 꿀, 끝, 꼴, 꿈, 끼, 까마귀, 까치, 꾀꼬리, 꼴뚜기, 꽁치, 꼬리, 꼬막, 꼬불꼬불, 꿈틀꿈틀, 낑낑, 끙끙, 꽥꽥, 깡충, 꿀꿀, 까칠까칠

해설	오행의 목은 흔히 '나무'로 대표되지만 그와 같은 자연의 모든 상태를 뜻하며 기본 의의는 '곡직(曲直)'이다. 즉, 구불구불하게 나아감이다. 나아가는 추진력과 직, 곡선을 반복하는 성질이 뜻의 바탕을 이룬다. 한편, 음양오행으로 세계를 이해한 전통 사회에서는 모든 운동이 본-중-말의 3원 상태가 있다고 본다. 그래서 자음의 기본형도 그에 맞는 아설순치후(목화토금수)×3=15에 이체자2를 더한 체계를 가지고 있고 3의 의미는 운동의 본중말을 뜻하게 구성되어 있다.

ㄱ 생명의 탄생, 구부러짐, 경계, 운동 발생 (첫 번째 자료 묶음)

 ㄱ 이야기 1

어느 가을날 기러기가 강가에서 열매를 먹다가 씨앗을 떨어뜨렸어요. 맑게 반짝이던 강물 요정과 촉촉하게 강물을 머금은 흙의 요정은, 씨앗이 다치지 않게 포근하게 감싸 안았어요. 강물 요정과 흙의 요정은 씨앗이 편안하게 잠을 잘 수 있도록 쌀쌀한 바람도 막아 주었어요. 겨울이 지나고, 봄이 되었어요. 해님이 다정한 목소리로 씨앗을 깨웠어요.

"잠꾸러기 씨앗아, 잘 잤니? 이제 일어날 시간이란다. 벌써 봄이 되었어."

따뜻한 햇빛을 받으며 씨앗은 기지개를 켰어요.

"이제 세상 밖으로 나가 볼까?"

씨앗은 흙 요정의 도움을 받아서 열심히 바깥으로 고개를 내밀었어요.

"잠꾸러기 씨앗아, 어디 있니? 얼굴을 보여 주렴. 기다리고 있단다."

"해님, 해님, 조금만 기다려 주세요."

씨앗은 더욱 열심히 바깥으로 고개를 내밀었어요. 힘이 들 때는 강물 요정이 건네준 물을 마셨고, 흙의 요정에게 다리를 단단히 잡아 달라고 부탁을 했어요.

하늘에서 온 글, 한글

하루가 지나고, 이틀이 지나고 여러 날이 지났어요.

그러던 어느 날!

"우와! 해님이 보인다."

씨앗이 드디어 바깥으로 고개를 내밀었어요.

"해님 안녕하세요. 저예요."

"안녕 아가야, 기다리고 있었단다. 아주 사랑스러운 얼굴이구나."

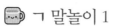 ㄱ 시 1

고물고물 해님 따라 고개 내미니

고운누리 궁금한 게 많기도 하네

갸웃갸웃 이 길 저 길 구경하네

ㄱ 말놀이 1

고 고 고개를 내미는 감나무 잎

고 고 고개를 내미는 갈참나무 잎

고 고 고개를 내미는 계수나무 잎

활동 자료 1

ㄱ 형상화

ㄱ 쓰기

ㅋ 크게 자라난 생명, 크다
(첫 번째 자료 묶음)

 ㅋ 이야기 1

나무는 물 요정과 땅 요정들의 도움을 받고 해님을 향해 자라기 시작했어요. 키가 크니까 강 건너 마을이 보입니다. 큰 도로에 차들이 달리고 큰 건물이 많습니다. "매일 듣기만 해서 궁금해요. 저도 강 너머 마을이 보고 싶어요."

넝쿨 콩의 말을 듣고 나무는 몸을 감싸도 좋다고 이야기합니다.

넝쿨 콩은 나무를 감싸고 올라갑니다. 넝쿨 콩도 키가 커졌습니다. 강 건너 마을이 훤하게 보입니다. 그러던 어느 날 번개가 치고 바람이 불어서 나무는 힘들었습니다. 몸이 이리 쏠리고 저리 쏠리고 나뭇가지는 찢어져 나갑니다. 쿵쾅쿵쾅 번개 소리가 요란합니다. 몸이 쓰러질 듯했지만 쓰러지지 않게 누군가 단단하게 잡아 주었습니다. 넝쿨 콩이었습니다. 밤사이 비바람을 이겨 낸 나무는 자기 몸을 꼭 잡고 있는 넝쿨 콩이 고마웠습니다.

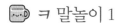 ㅋ 시 1

쿵쾅 쿵쾅 번개도 이겨 내고

키가 커서 큰 나무

마음도 큰 나무

콩콩콩콩 콩아, 고마워.

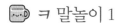 ㅋ 말놀이 1

콩콩콩콩 콩을 볶아서

킁킁킁킁 코로 냄새 맡아요

콩콩콩콩 콩을 먹으니

킹콩킹콩 키가 커져요.

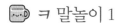 활동 자료

ㅋ 형상화

ㄲ 씩씩하게 된 생명, 더 많이 구부러짐
(첫 번째 자료 묶음)

 ㄲ 이야기 1

큰 나무에는 가지가 아주 많습니다. 나뭇가지 끝에 있는 눈이 자라서 새로운 가지를 만드는데, 이때 가지가 자란 만큼 자라게 됩니다. 새로운 가지가 나와 자라는 동안 작년에 나온 가지는 굵어지기만 합니다.

큰 나무는 나무 꼭대기에 와서 세상 이야기를 하는 바람 때문에 즐겁습니다.

"강상 초등학교 아이들은 정말 멋지다. 아이들이 운동장에서 뛰어 달리기를 하는데 친구보다 늦게 뛰어서 힘들 텐데 끙끙대며 끝까지 뛴다. 아이들이 깡충깡충 뛰어다녀서 나는 토끼가 있는 줄 알았어."

하늘에서 까악까악 거리며 놀던 까마귀가 나뭇가지 끝에 앉아서 산꼭대기에서 일어나는 일을 이야기합니다. 매일 보는 산꼭대기 이야기는 언제 들어도 좋습니다.

"산꼭대기에는 바위들이 많은데 그 바위 틈에서 자라는 소나무가 참 신기하고 멋지다. 산꼭대기까지 가려면 한참을 올라가야 하는데 오늘도 사람들이 아주 많이 와서 심심하지는 않아."

새들이 들려주는 이야기를 들으면 왠지 산꼭대기에 있는 나무들이 친하게 느껴집니다.

하늘에서 온 글, 한글

🥤 ㄲ 시 1

꿍꿍대며 뛰는 아이

깡충깡충 뛰는 아이

까악까악 까마귀

🥤 ㄲ 말놀이 1

꼭 꼭 꼭대기 나무 꼭대기

꼭 꼭 꼭대기 산꼭대기

꼭대기가 끝인가?

🥤 활동 자료 1

ㄲ 형상화, 그림 그리기 (학생)

ㄱ 생명의 탄생, 구부러짐, 경계, 운동 발생 (두 번째 자료 묶음)

 ㄱ 이야기 2

어느 봄날 따뜻한 햇빛이 온 세상을 비춰 주었어요.

점점 따뜻해지자 땅에서 새싹이 올라왔어요.

싹은 점점 자라서 키가 커졌어요. 그렇게 키가 커 가니 주변에 있는 것들이 점점 더 잘 보였어요. 멀리 있는 것도 볼 수 있었어요

그러다가 주변에 무엇이 있는지 궁금해졌어요. 그래서 주변을 둘러보려고 옆으로 굽어지며 나아가기 시작했어요.

그렇게 새싹은 덩굴로 커 갔어요.

그 덩굴을 바닥에 끈으로 그려 볼게요. 우리도 덩굴이 되어서 이 길을 걸어 보아요.

하늘에서 온 글, 한글

🍵 ㄱ 노래 2

기럭기럭 기러기

길 떠나는 기러기

갈대숲에 앉아서 물을 먹고 있는데

기럭아 기럭아

나도 같이 갈 수 있을까?

(ㄱ 소리가 들어가는 낱말 말하기)

그래그래 같이 가자

긴 여행 길

🍵 ㄱ 놀이, 활동 2

1. 달팽이 끈으로 'ㄱ' 형태를 만들고 기러기 노래를 부른다.

2. 'ㄱ' 형태를 그리며 노래하며 돈다.

3. 중간에 ㄱ이 들어가는 낱말을 말해야 한다.

4. 말하는 사람이 뒤에 와서 설 수 있다.

5. 허공(투명 공책)에 손가락으로 ㄱ을 그린다.

6. 공책에 그린다.

ㅋ 크게 자라난 생명, 크다
(두 번째 자료 묶음)

 ㅋ 이야기 2

어느 봄날 따뜻한 햇빛이 온 세상을 비춰 주었어요.

점점 따뜻해지자 땅에서 새싹이 올라왔어요.

싹은 점점 자라서 키가 커졌어요. 그렇게 키가 커 가니 주변에 있는 것들이 점점 더 잘 보였어요. 멀리 있는 것도 볼 수 있었어요.

그러다가 주변에 무엇이 있는지 궁금해졌어요. 그래서 주변을 둘러보려고 옆으로 굽어지며 나아가기 시작했어요.

그렇게 새싹은 덩굴로 커 갔어요.

따뜻한 햇빛이 비추고 덩굴이 자라나면 나무도 키가 커 가요. 그리고 가지들이 휘어지며 자라나지요. 나무들은 가지를 뻗어서 이런 모양을 이루었어요.

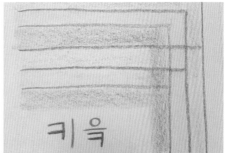

ㅋ 쓰기(교사)

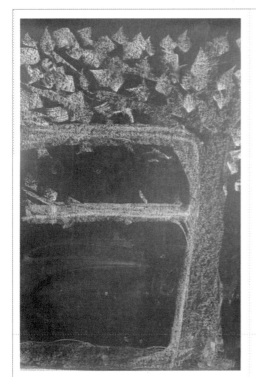

ㅋ 형상화(교사)

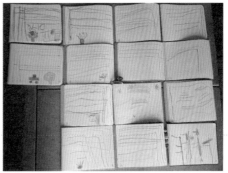

ㅋ 쓰기(학생)

ㄲ 씩씩하게 된 생명, 더 많이 구부러짐
(두 번째 자료 묶음)

 ㄲ 이야기 2

따뜻한 햇빛이 비추고 덩굴이 자라나자 여기저기서 다른 덩굴들이 자라기 시작했어요.

봄에 씨앗에서 싹이 나서 위로 자라다가 휘어진 덩굴들이 있는데 그게 두 개 겹친 것도 있어

요. 이런 모양이에요. 소리는 이렇게 나요~. ㄲ

ㄱ에서 ㅋ로, ㄲ까지 서로 소리가 다르지만 모두 봄에 태어나서 자라다가 굽어진 한 형제들

이에요.

ㄲ 활동 자료 2

ㄲ 형상화(교사)

몸으로 ㄲ 만들기

ㄲ 쓰기(교사)

ㄲ 쓰기(학생)

혓소리(舌音)

ㄴㄷㅌㄸㄹ

🫖 훈민정음 해례본

혀는 날카롭고 움직여서 오행의 불(火)에 해당한다. 혓소리가 구르고 날리는 것은 불이 이글
거리며 활활 타오르는 것과 같다. 4계절로는 여름에 속하고, 5음으로는 치(徵)음에 속한다.

모양	혀(끝)가 위 잇몸에 붙는 모양	색	빨강
오행	불(火)	4계절	여름
방위	남쪽		

변화	ㄴ	ㄷ	ㅌ	ㄸ	ㄹ
	불기운, 양적인 작용	닿음, 덮음, 이룸	타오름, 터트림	끝에 이름, 반복	부드러움, 회전 운동

뜻	활동이 가장 많은 양(陽), 내면 정신

대표 낱말	〈ㄴ〉 나들이, 나, 반짝반짝, 눈, 넘실넘실, 노랑, 나비, 나라, 노래, 놀이, 느낌, 낼름낼름, 나폴나폴, 너울너울, 노릇노릇, 나붓나붓, 그네
	〈ㄷ〉 달, 돌, 둘, 두더지, 대나무, 다람쥐, 달걀, 달팽이, 동그라미
	〈ㅌ〉 토끼, 타조, 태양, 탑, 톱, 통나무, 탕탕탕, 타닥타닥, 토실토실
	〈ㄸ〉 땅, 똥, 따개비, 땀, 뜸, 딱지, 떡, 딱풀, 딸기, 땅콩, 딱따구리, 띠
	〈ㄹ〉 풀, 벌, 지렁이, 애벌레, 거미줄, 살랑살랑, 바람, 구름, 달, 둥글둥글, 버들피리, 실, 동그라미, 꿈틀꿈틀, 도리도리, 불, 보리, 물, 노랑, 발, 손가락, 발가락, 흘러간다, 스르르, 꿀, 랄랄라

해설	화(火)의 세 가지 상태는 밝음(높이 뜸), 무리지어 윤곽이 드러나고 접촉함, 재가 되어 사물의 마지막 상태가 됨의 세 가지이다. ㄴ, ㄷ, ㅌ은 각각 그 상태를 대변한다. 그래서 ㄴ은 '환'하거나 '낮'이나 '높은' 것들에, ㄷ은 '달'이나 '닿'거나 '더'하거나 '두드'리는 것, ㅌ은 '손톱', '발톱', '끝', '톱니' 등에 쓰여 그 의미를 잘 보여 주고 있다.

ㄴ 불기운, 양적인 작용 (첫 번째 자료 묶음)

📧 ㄴ 이야기 1

옛날에 왕과 왕비가 예쁜 공주와 멋진 왕자와 함께 살았어요. 공주는 숲에서 꽃의 요정과 놀기를 좋아했어요. 왕자는 숲속에서 나무에 오르며 노는 것을 좋아했어요. 공주는 개나리꽃요정과 노래를 불렀어요. 나리 나리 개나리 입에 따다 물고요. 나풀 나풀 노랑나비 너울 너울그네 타요. 노란 꽃에 앉은 노랑나비는 나풀 나풀 날아다녀요. 나비는 꽃이 가득한 숲에 살면서 나비를 괴롭히지 않는 공주님을 좋아했어요.

📧 ㄴ 시 1

나리 나리 개나리
나풀 나풀 노랑나비

🍵 ㄴ 노래 1

나리 나리 개나리 나풀 나풀 노랑나비

공주님과 그네 타요. 나풀 나풀 날아요.

(봄나들이 노래 가락에 맞추어)

🍵 ㄴ 활동 자료 1

ㄴ 형상화(학생)

ㄷ 닿음, 덮음, 이룸 (첫 번째 자료 묶음)

📖 ㄷ 이야기 1

공주님과 왕자님은 숲으로 놀러 갔어요. 숲에는 풀잎에 대롱대롱 이슬이 맺혀 있고 달팽이들이 많았어요. 느릿느릿 달팽이 참 예뻐요. 왕자님은 나뭇가지 사이를 아주 빠르게 다다다다 오르내리는 다람쥐를 만났어요. 다람쥐는 도토리를 데굴데굴 굴리며 모으고 있었어요. "이리 와 봐. 여기 다람쥐가 있어. 우리 같이 놀자." 다람쥐는 왕자님과 공주님이 자꾸 따라다녀서 달리고 달리고 달렸어요. 다람쥐에게 참 힘든 날이었어요.

📖 ㄷ 시 1

대롱대롱 이슬
느릿느릿 달팽이
데굴데굴 도토리

달려라 달려라 다람쥐

🍵 ㄷ 노래 1

산골짝에 다람쥐 아기 다람쥐

도토리 점심 가지고 소풍을 간다.

다람쥐야, 다람쥐야, 달리고 달리고 달려라.

팔ㅡ딱 팔ㅡ딱 정말 재미있구나.

🍵 활동 자료 1

| ㄷ 형상화(교사) | ㄷ 형상화(학생) | ㄷ 쓰기(학생) |

E 타오름, 터트림 (첫 번째 자료 묶음)

 E 이야기 1

공주와 왕자는 숲에서 놀다가 울고 있는 아빠 타조를 만났습니다. "타조야, 왜 울어?" "알을 잃어 버렸어. 조금 있으면 아이가 태어날 텐데 누가 가져갔나 봐. 내가 잠깐 자리를 비웠는데 어떻게 해. 엉엉." 옆에 있던 왕자가 손톱을 깨물며 먼 산만 바라보고 있습니다. 공주는 아침에 왕자가 가슴에 뭔가를 숨겨 가지고 오는 것을 봤기 때문에 아무 말없이 슬그머니 일어섰습니다. 공주는 타조와 함께 알을 찾으러 나섰습니다. "토끼야, 우리 타조 알 봤니?" "아까 왕자가 타조 알을 들고 가는 것 봤어. 나를 따라와 봐." 공주는 왕자가 타조 알을 숨겨 놓은 자리를 찾았습니다. 나무속이 텅 비어 있는 곳에 있었습니다. 터질 듯한 타조알을 조심스럽게 들고 알을 품고 있는 타조에게 돌려주었습니다. 타조는 기뻐서 또 웁니다.

⌨ ㅌ 시 1

토끼야, 타조 알 봤니?

나무속이 텅 비어 있는 곳

터질 듯한 타조 알

⌨ ㅌ 노래 1

타ー조가 타타타 달려갑니다.

타조 알을 찾아서 달려갑니다.

(태극기 노래 가락에 맞추어)

⌨ ㅌ 활동 자료 1

이야기 듣고 그리기(학생)

ㅌ 쓰기(학생)

ㄹ 부드러움, 회전운동 (첫 번째 자료 묶음)

🫖 ㄹ 이야기 1

왕자와 공주가 숲을 걷고 있는데 지렁이들이 밖에 다 나와 있습니다. 어제 저녁에 비가 많이 와서 집이 무너졌나 봅니다. 왕자는 지렁이를 손에 올려놓고 공주에게 보여 주었습니다. 공주는 "저리 치우란 말이야. 정말 징그러워. 징그러워서 지렁인가 봐?" 지렁이는 슬펐습니다. 자신은 뱀처럼 독도 없고 길게 생겼을 뿐인데 모두들 징그럽다고 합니다. 지렁이는 할아버지가 한 말이 떠올랐습니다. "절대 기죽지 말거라. 너는 소중한 아이란다. 너는 흙을 썩게 하는 물질을 먹고 흙을 기름지게 만드는 똥을 눠서 흙을 살리고 있단다. 또 땅속을 들락날락거리면서 산소를 땅속에 들어가게 만들어서 땅이 숨 쉬게 도와준단다. 너는 지구의 청소부란다. 땅을 좋게 하려면 네가 꼭 있어야 하니까 누가 뭐라고 해도 상처받지 말거라." 그래서 당당하게 공주와 왕자에게 지렁이들이 얼마나 소중한지 이야기했습니다. 공주는 꼬물꼬물 움직이니까 징그럽다고 했는데 지렁이가 슬퍼하니까 갑자기 미안해집니다. 공주는 징그러운 마음은 없어지지 않았지만 용기를 내서 지렁이에게 미안하다고 말했습니다. 공주는 미안하다고 말한 자신이 자랑스러웠습니다.

하늘에서 온 글, 한글

🍺 ㄹ 시 1

지렁이가 꼬물꼬물 기어가네

들락날락거리며 공기를 주네

너는 지구의 청소부다

🍺 ㄹ 노래 1

지렁이가 꼬물꼬물 꼬물꼬물 기어가네

들락날락거리며 꼬물꼬물 공기를 주네

지렁이 똥은 좋은 거름 좋은 열매 맺게 한다네

(올챙이 송 가락에 맞추어)

🍺 ㄹ 활동 자료 1

ㄹ 형상화(학생)

ㄴ 불기운, 양적인 작용 (두 번째 자료 묶음)

🍵 ㄴ 이야기 2

옛날 옛날에 해님이 뜨거운 한여름날이었어요. 커다란 숲이 있는 나라에 아름다운 날개를 가진 나비가 살았어요.

어느 날 나비는 나풀나풀 날아다니며 이곳으로 가서 꽃향기를 맡고 저 곳으로 가서 풀향기를 맡으며 놀았어요. 그러다가 친구 나비를 만났어요. 빛나는 날개를 가진 나비, 무지갯빛 나비…여러 나비들과 즐겁게 노래 부르며 나풀나풀 날아다니며 놀았어요.

어느덧 날이 어두워지고 나비들은 숲속에서 성을 발견했어요. 가까이 가 보니 뜰 가운데에 커다란 불이 타오르고 있었어요. 나비들은 깜짝 놀랐어요.

그 큰 모닥불은 어두운 주변을 밝게 비추며 타오르고 있었어요.

나비들은 빛의 축제가 열린 것처럼 빛나는 불 주변으로 나풀나풀 날아다니며 노래하고 춤을 추었어요. 나비의 날개도 빛을 받아 반짝거렸어요.

나비들은 모닥불 가에서 신나게 춤을 추었어요~.

모닥불 그림(교사)

ㄴ 형상화(교사)

ㄴ 쓰기(교사)

ㄴ 쓰기(학생)

ㄷ 닿음, 덮음, 이룸(두 번째 자료 묶음)

📖 ㄷ 이야기 2

나비들은 성의 뜰에 타오르는 모닥불 가에서 춤추고 노래 부르며 나풀나풀 날아다녔지요. 어느덧 어둠이 걷히고 밝아지면서 모닥불도 스러져 갔어요. 불길이 조금씩 꺾이며, 잦아들었어요.

ㄷ 활동 자료 2

ㄷ 형상화, 낱말 찾기(교사)

ㄷ 쓰기(교사)

ㄷ 쓰기(학생)

ㅌ 타오름, 터트림 (두 번째 자료 묶음)

ㅌ 이야기 2

나비들이 나풀나풀 날아서 성의 뜰에 갔더니 모닥불이 있었어요. 나비들이 춤추고 노래하며 모닥불 가에서 축제를 벌이다 보니 어느덧 밤이 깊어 가고 모닥불도 스러져 갔어요. 그리고 아침이 오자 거의 재로 변해 있었어요. 하지만 아직 불이 꺼진 건 아니에요. 속에는 불씨가 남아 있어요. 하지만 처음에 타오르던 불길은 스러지고 스러져 갔어요.

ㅌ 말놀이 2

ㅌ와 ㅏ가 만나면 (도 도 파 파 라 라 파~) 타

ㅌ와 ㅔ가 만나면 (레 레 솔 솔 b시 b시 솔) 테

ㅣ와 만나면 티 (라 라 라 라 도) / ㅗ와 만나면 토 (솔 솔 솔 솔 b시)

ㅜ와 만나면 투 (파 파 파 파 라) / 타~테~티~토~투~ (도 b시 라 솔 파)

하늘에서 온 글, 한글

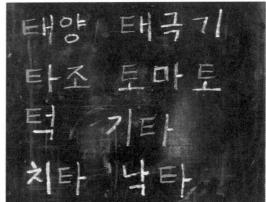

ㅌ 형상화, 낱말 찾기(교사)

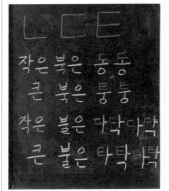

ㅌ 쓰기(교사)   ㅌ 쓰기(학생)

입술소리(脣音)

ㅁ ㅂ ㅍ

🍵 훈민정음 해례본

ㅁ는 입 모양을 본뜨고 입술은 모나지만 합해지므로 오행의 흙에 해당한다. 입술소리가 머금
고 넓은 것은 흙이 만물을 감싸고 넓은 것과 같다. 4계절로는 늦여름에 속하고, 5음으로는 궁
(宮)음에 속한다.

하늘에서 온 글, 한글

모양	입 모양을 본뜸.	색	노랑(황색)
오행	흙(土)	4계절	환절기
방위	중앙 쪽		

	ㅁ	ㅂ	ㅍ	ㅃ
변화	모으다, 종합한다, 뭉쳐 있다	붙고 떨어지고 쌓이고 부풀어 오르고 수직운동 (세로 분산)	펼침, 퍼짐, 평평 수평운동 (가로 분산)	강조

뜻	합하고 모으고 이룸, 뭉침

대표 낱말	〈ㅁ〉 무지개, 매미, 마을, 마당, 멍석, 망태, 마음, 몸, 물, 물건, 몸, 마실, 마중, 문, 마구간, 메아리, 미나리, 미꾸라지, 미소, 목 〈ㅂ〉 벌, 배, 발, 볼, 버섯, 밥, 밤, 방울, 바다, 봉선화, 봄, 비누, 부산, 박, 반짝반짝, 방긋방긋, 부릉부릉, 빙그르 〈ㅍ〉 폭포, 파리, 팔, 피리, 풀, 포도, 파, 파랑새, 파도, 풍선, 포르르, 파릇파릇, 파랗게, 풍덩풍덩, 팔랑팔랑, 폴짝폴짝, 펄럭펄럭, 펑

해설	순음은 발음 시 입술이 '붙었다 떨어진다'. 이런 이중 운동이 오행 토의 특색이다. 이를 가색(稼穡, 심고 거둠)이라 한다. 머금기도 하고 뿜어내기도 하는 것이다. 머금는 기운은 ㅁ에, 뿜어내는 기운은 ㅂ과 ㅍ에 해당한다. 토는 분산인 화에서 수렴인 금으로 넘어가는 곳에서 작용한다는 점이다. 분산은 ㅂ이 표현하는데, 옛 사람들은 이 분산 상태를 '빛'으로 인식해서 시각 경험과 연결했다. 그래서 '밝게' '보이'는 것들, '빛나'는 것들이 모두 ㅂ으로 시작한다.

모으다, 종합한다, 뭉쳐 있다

 ㅁ 이야기

어느 날 삼순이가 친구들과 놀다가 집에 왔어요. 엄마를 찾았는데 계시지 않았어요. 마당에
도 방에도 마루에도 없었어요. 삼순이는 엄마를 찾으려고 나무에 있는 매미에게 물었어요.

"매미야, 우리 엄마 봤니?"

물었더니

"아니야, 나는 못 봤는데."

 ㅁ 시

매롱 매롱 맴매롱 / 엄마 엄마 울 엄마

매롱 매롱 맴매롱 / 어디 가셨나 울 엄마

□ 형상화(교사)

□ 쓰기 (교사)

□ 낱말 찾기(교사)

□ 쓰기(학생)

ㅂ 붙고, 떨어지고, 쌓고, 부풀어 오르다

🍺 ㅂ 이야기

부엌에 들어가서 부뚜막에 앉아 있는 고양이에게 물었더니 고양이는 기름병을 핥으며 대답했어요. "나는 몰라. 부지깽이에게 물어봐." "부지깽이야 우리 엄마 봤니?" "나는 몰라. 부침개 뒤집개에게 물어봐." "부침개 뒤집개야, 우리 엄마 봤니?" "나는 몰라. 밤송이에게 물어봐." "나는 몰라. 나는 불에 탈까 봐 걱정인데 뭘 그런 것을 물어보니? 짜증난다." 삼순이는 부엌에서도 엄마를 찾지 못했습니다.

🍺 ㅂ 시

부지깽이야 우리 엄마 봤니? / 아니, 나는 몰라

뒤집개야, 뒤집개야, 우리 엄마 봤니? /아니, 나는 못 봤어.

밤송이야, 밤송이야, 우리 엄마 봤니?/ 불에 탈까 걱정이야, 물어보지 마.

하늘에서 온 글, 한글

ㅂ 활동 자료

ㅂ 낱말 찾기(교사)

바람이 배를 스치고 지나가서 바닷가에 도착했어요.
바다에서 바람이 와서 밤이 굴러갔어요.
비행기가 바다 위를 지나가고 있다가 불이 나 가지구
비행기에서 밤이 굴러 나왔어요.

ㅂ 이야기 만들기

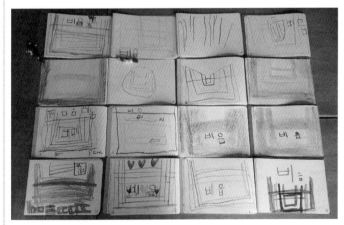

ㅂ 쓰기(학생)

ㅍ 펼쳐지다, 퍼지다

📖 ㅍ 이야기

삼순이는 옆집에 가서 엄마를 찾았지만 "어이구, 너희 엄마 우리 집에 없다." 온 동네를 찾아다녀도 엄마는 없었어요. 들판을 지나 팥 밭을 지나 물푸레나무 숲을 지나 걸었지만 엄마는 보이지 않았어요. 폴짝폴짝 뛰는 개구리가 있어도 삼순이는 아는 체하지 않았어요. "엄마 보고 싶어요."라며 펑펑 울고 있는데 풍뎅이가 말했어요. "삼순아, 왜 울어?" "우리 엄마가 보고 싶은데 어디 계신지 몰라." "파 밭에서 풀을 뽑고 계시던데." "정말? 풍뎅이야, 고마워." 삼순이는 팔짝팔짝 뛰며 기뻐했어요.

📖 ㅍ 시

들판을 지나
물푸레 나무 숲을 지나

하늘에서 온 글, 한글

폴짝폴짝 뛰는 개구리를 지나

풍뎅이를 만나

엄마가 계신 곳을 찾은

삼순이는 좋아서 팔짝팔짝

 ㅍ 활동 자료

ㅍ 낱말 찾기(교사)

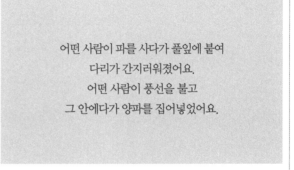

어떤 사람이 파를 사다가 풀잎에 붙여
다리가 간지러워졌어요.
어떤 사람이 풍선을 불고
그 안에다가 양파를 집어넣었어요.

ㅍ 이야기 만들기

ㅍ 쓰기(교사)

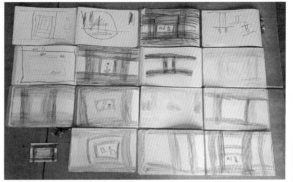

ㅍ 쓰기(학생)

잇소리(齒音)

ㅅ ㅈ ㅊ ㅆ

📠 훈민정음 해례본

치음(잇소리) ㅅ은 이 모양을 본뜨고 이는 단단하고 (무엇을) 끊으니 오행의 쇠(金)에 해당한다. 이 소리가 부스러지고 엉기는 것은 마치 쇳가루가 부서지면서 단련되는 것과 같다. 4계절로 는 가을에 속하고, 5음으로는 상(商)음에 속한다.

모양	이 모양	색	흰색
오행	쇠(金)	4계절	가을
방위	서쪽		

	ㅅ	ㅈ	ㅊ
변화	솟음, 단단함, 변화	막힘, 저장, 자리 잡음	다시 뚫음, 처음=가까움, 작음: 느린

뜻	강하다, 세다, 단단하다, 막힘, 굳음, 새 출발(ㅊ)

대표 낱말

〈ㅅ〉 사나이, 사람, 산, 성, 새, 서리, 샛별, 소나무, 샘물, 소, 사자, 소금, 솟대, 사냥, 세다, 솟다, 살다, 서다

〈ㅈ〉 장독, 집, 지렁이, 쥐, 조개, 지붕, 지하실, 작다, 좁다

〈ㅊ〉 처음, 첫눈, 참새, 촛불, 춤, 창문, 치마, 초록, 처마, 차다, 춥다, 촐싹거리다, 초롱초롱, 칙칙폭폭, (춤)추다

해설

오행 금은 화 기운이 토의 도움을 받아 뭉쳐서 이루어진다. 화는 솟구치는 기운이어서 이것이 처음 뭉친 모양은 자연히 ㅅ이 된다. 이때 뜻은 강하고 단단하고 싸늘하고 사나운 것이다. 그 다음 상태에 이 힘이 잦아들었을 때가 ㅈ이다. 작고 좁은 뜻은 여기서 나온다. ㅊ은 다시 그 상태에서 억제를 뚫고 새 기운이 발생한 것을 표한다.

ㅅ 솟음, 단단함, 변화

🍵 ㅅ 이야기

사나운 사내 돌쇠가 살고 있었어요. 돌쇠는 힘이 아주 세서 동네에서 대장 노릇을 했어요. 산에도 빨리 올라가고 산새도 잘 잡았어요. 친구들이 물고기를 잡자고 하면 "야, 그런 것을 하면 뭐하냐? 생각이 없네. 사나이들은 사냥을 해야지."라며 산속으로 데리고 갔어요. 산에 가서 사슴을 잡으려고 기다리다가 친구들이 몰려오는 소리에 사슴이 도망을 갔어요. "너 때문에 사슴을 놓쳤잖아." 돌쇠는 성이 나서 씩씩대며 친구들에게 소리를 질렀어요. 친구들은 사나운 돌쇠 말을 잘 들어주지만 같이 노는 것은 싫어했어요. 그래도 돌쇠는 언제나 자기가 옳다고 생각하며 사납게 행동했어요.

🍵 ㅅ 시

"사나이라면 산속에서 놀아야지."

하늘에서 온 글, 한글

"사나이라면 사냥을 잘해야지."

"사나이라면 사슴을 잡아야지."

"사나이라면 싸움을 잘해야지."

ㅅ 활동 자료

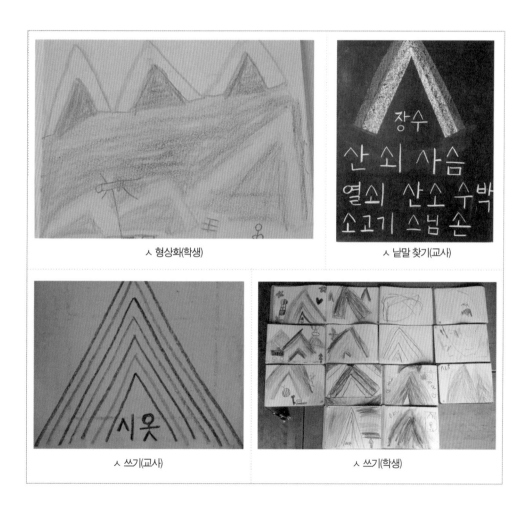

ㅅ 형상화(학생)

ㅅ 낱말 찾기(교사)

ㅅ 쓰기(교사)

ㅅ 쓰기(학생)

ㅈ 막힘, 저장, 자리 잡음

ㅈ 이야기

힘이 세서 늘 자신 있던 돌쇠는 씨름 대회에 나가서 소를 타려고 했으나 옆 마을 돌쇠에게 지고 말았습니다. 자신만만하던 돌쇠는 처음에는 이겼는데 두 번째랑 세 번째에는 졌습니다. 슬픔에 잠긴 돌쇠는 마음도 작아지고 몸도 작아졌습니다. 고개를 푹 숙이고 걸었습니다. 집 밖을 나가지 못하고 방에 앉아 있는데 장독대에서 항아리가 깨지는 소리가 들렸습니다. 어머니가 장독을 정리하시다가 항아리랑 같이 넘어져서 다치셨습니다. 돌쇠는 할 수 없이 어머니가 하시던 일을 대신하게 되었습니다. 장독을 늘 깨끗하게 정리하면서 지내게 되었습니다.

ㅈ 시

된장 고추장 간장

장독대에 나란히

줄 서 있는 항아리들

된장 고추장 간장

가을 햇살을 받으며 더 맛있어진다.

ㅈ 말놀이

작은 집에/작은 생쥐가 살고

작은 백조가 살고/작은 사자가 살고

작은 지붕에/작은 제비가 놀러 왔습니다

ㅈ 활동 자료

ㅈ 형상화

ㅈ 소리 찾기
(지붕, 집, 제비, 징검다리, 종달새, 졸졸졸 시냇물)

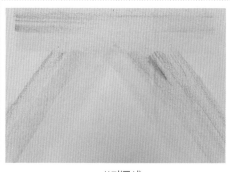

ㅈ 쓰기(교사)

ㅈ 그림 그리기(학생)

ㅊ 다시 뚫음, 처음, 작음

ㅊ 이야기

밖에도 나가지 않고 늘 집 안에서 장독을 돌보는 돌쇠는 장 담그는 일에 정성을 다했습니다. 소나기가 갑자기 내린 날. 장독대에 항아리를 열어 놓고 가을걷이에 정신이 없던 이웃들은 항아리에 물이 들어가는 것을 막지 못했습니다. 그런데 돌쇠는 늘 집 안에 있었으므로 장항 아리에 물이 들어가는 것을 막을 수 있었습니다. 마을 모두가 장에 물이 들어가서 장맛이 변 했다고 걱정입니다. 옆집 잔치에 쓸 장을 돌쇠네 집에서 가져갔습니다. 사람들은 돌쇠가 만 든 장이 맛있다고 칭찬을 합니다. 돌쇠는 사람들의 인정을 받는다는 것이 얼마나 기쁜 일인 지 처음으로 알게 되었습니다. 잔칫날 마을 사람들과 춤을 추며 행복했습니다.

ㅊ 시

처음으로/장맛이 좋다고

하늘에서 온 글, 한글

사람들에게 칭찬을 들었네

어깨춤이 절로 난다.

처음으로/축하 축하 축하

나를 보고 환하게 웃네

어깨춤이 절로 난다.

ㅊ 활동 자료

ㅊ 형상화(학생)

ㅊ 낱말 찾기(교사)

자동차를 타고 가면서
고추를 먹어요.
어떤 여자 애가 치마를 입고
고추를 먹다가
매워서 보리차를 먹어요.

ㅊ 이야기 만들기

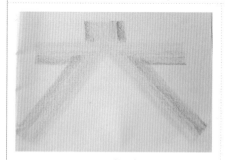

ㅊ 쓰기(교사)

ㅊ 쓰기(학생)

목구멍소리(喉音)

ㅇ ㅎ

훈민정음 해례본

목구멍은 (입안의) 깊은 곳에 있고, 젖어 있으니 (오행으로 보면) 물(水)이다. 소리는 허하고 통하여, 물이 맑아 훤히 들여다보이고 두루 통하는 것과 같다. 4계절로는 겨울에 속하고, 5음으로는 우(羽)음에 속한다.

물은 (모든) 생명의 근원이요, 불은 (모든) 생명을 이루는 데 쓰이기 때문에, 오행 가운데 물과 불이 가장 중요하다. 목구멍은 소리를 내는 문이요, 혀는 소리를 구별하는 기관이다. 목구멍은 뒤에 있어 목구멍소리는 북쪽이다.

모양	목구멍 모양	색	검정
오행	물(水)	4계절	겨울
방위	북쪽		

변화	ㅇ	ㅎ
	무의식, 잠재 의식, 근원	근원이 모습을 드러냄

뜻	생명의 근원, 영원, 순환, 무의식

대표 낱말	〈ㅇ〉 옹달샘, 옷, 아이, 어른, 얼굴, 알, 아버지, 어머니, 아기, 옹알이, 우물, 오이, 옥수수, 여우, 염소, 오소리, 오리, 올빼미, 여자, 엿, 연, 여섯, 여덟, 열, 열무, 열매, 울타리, 우리, 웃음, 울음, 웅덩이, 얼음, 유리, 유령, 열다, 얼다, 올망졸망, 알쏭달쏭 〈ㅎ〉 하늘하늘, 하루하루, 허허허, 호랑이, 할머니, 후끈후끈, 항아리, 황금, 흐물흐물, 홀라홀라, 햇살, 흰수염, 할아버지, 하얀색, 하늘, 하마, 한강, 한글, 화분, 합창, 황소, 훨훨, 흔들흔들, 후다닥, 허우적, 훌쩍, 하느작하느작, 호르륵, 홍시, 해, 혀, 허리, 허수아비

해설	ㅇ(원)은 동서고금 모두에서 '영원한 순환'의 상징으로 사용되었다. 원, 네모, 세모는 원, 방, 각으로 불리며 천지인의 성질을 대표하는 꼴로 여겨졌다. 하늘의 뜻이나 영원한 것, 영적인 것, 근원적인 것들이 이 글자의 기본 뜻이 된다. ㅎ은 그것이 드러난 상태이다. 동양에서 신과 같은 개념으로 작용한 태극 역시 오행으로는 수이다. 선입관과는 달리 오행 수가 '하늘'이나 '양'적인 운동으로 쓰인 것이 많다. 수화의 음양은 고정된 것이 아니라 기준에 따라 달라진다. 하늘, 해, 하나, 아들 등의 낱말이 이 점을 잘 보여 준다. 변화 3단계는 치음과 같다. ㅇ이 첫 상태, 여린 히읗이 둘째, ㅎ이 셋째가 된다.

무의식, 근원

 ㅇ 이야기

옛날에 가난한 나무꾼이 살았어. 추운 겨울에 아침도 먹지 못하고 나무를 하려고 하는데, 노루 한 마리가 절뚝절뚝 달려오더래. 가만히 보니까 뒷다리에 화살이 박혀 있어. 아마도 사냥꾼에게 쫓기는 신세인가 봐. 어찌나 불쌍하던지 얼른 나뭇짐 속에 숨겨 주었어. 그리고 나서 나무를 하고 있는데, 아니나 다를까 활을 든 사냥꾼이 헐레벌떡 달려와서

"이리로 화살 맞은 노루 한 마리 오는 것 못 보았소?" 하고 묻겠지.

"못 보았는걸요."

그랬더니 사냥꾼은 그냥 가 버리더래.

사냥꾼이 아주 멀리 가서 안 보이게 되었을 때 나뭇짐을 헤치고 노루를 꺼내 주었어.

노루는 고맙다는 듯이 머리를 끄덕끄덕하면서 절을 하더니 안간힘을 쓰며 걸어가는 거야. 저렇게 다친 다리로 어디를 가나 하고 나무꾼이 안쓰러운 마음으로 뒤따라가 보았지. 노루는 깊은 산속으로 들어가더니 커다란 바위 아래에 걸음을 멈추더래. 바위 아래 조그마한 웅달샘이 있는데, 겨울인데 얼지도 않고 물이 아주 맑아 보여. 노루가 뒷다리를 웅달샘에 담그니까

신통하게도 상처가 말끔히 낫지 뭐야. 노루는 껑충껑충 뛰어 어디론가 가 버렸어. 며칠 후 나무꾼도 나무를 하다가 낫에 손을 베었어. 다친 손을 옹달샘에 담갔더니 상처가 감쪽같이 아물어 버리지 뭐야. 그것 참 신통하지. 나무꾼은 누구든지 다친 사람을 보면 옹달샘이 있는 곳을 알려 줬어. 옹달샘에는 허리가 아픈 사람, 입이 아픈 사람 등 많은 사람이 몰려 와서 병을 고쳤다는 이야기야. 옹달샘은 마음이 아픈 사람도 고친다고 하는데, 너희들도 몸이 아프거나 마음이 아프면 이 옹달샘으로 가 봐.

 ○ 시

얼지 않는 옹달샘
병을 고치는 옹달샘
신기한 옹달샘

 ○ 노래 (옹달샘 노래 가락에 맞추어)

깊은 산속 옹달샘 병을 고치는 옹달샘
깊은 산속 옹달샘 병을 고치는 옹달샘
노루가 아파도 다리를 다쳐도
옹달샘에 가면은 병이 다 나아요.

○ 활동 자료

○ 형상화(교사)

○ 쓰기(교사)

ㅎ 근원의 출현

ㅎ 이야기

호수가 있었습니다. 호수 위로는 길이 있었고, 그 길가에는 커다란 나무들이 많았습니다.

호수에는 호롱호롱 산새들도 날아오고, 새하얀 해오라기도 날아오고, 헐레벌떡 토끼도 뛰어

왔습니다. 둥지를 틀기 위해 나뭇잎과 나뭇가지를 구하러 오는 새들도 있었습니다. 호수는

즐거웠습니다.

추운 겨울 어느 날, 호수에는 찾아오는 친구들이 별로 없었습니다. 가끔 물오리들이 오기도

하였지만 물오리가 떠나고 나면 호수는 혼자 외톨이가 되었다고 생각하였습니다.

호수는 혼자서 가만히 안을 들여다보았습니다.

호수는 물에 비친 달을 보았습니다. 가만히 살펴보니 주변에는 가지만 남아 있는 나무들도

그대로 있고, 얼음 밑에서 물고기들이 움직이는 소리도 들렸습니다. 호수는 혼자가 아니라는

걸 알았습니다. 호수는 행복했습니다.

훈민정음의 글자 짓기에 따른 새 한글 지도안

ㅎ 시

호롱호롱 산새

새하얀 해오라기

모두 떠난 호수

함박눈 내린 호수

꽁꽁 언 호수

혼자 외로운 호수

아하! 물고기가 있었지?

하하하, 기분 좋은 호수

ㅎ 활동 자료

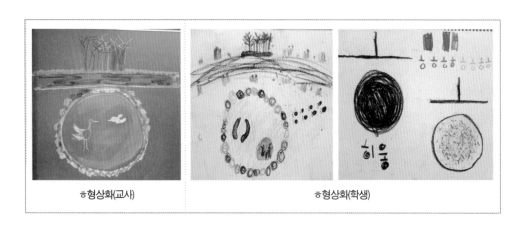

ㅎ형상화(교사)　　　　　　　ㅎ형상화(학생)

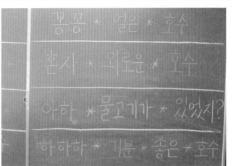

칠판에 쓴 시 (교사)

ㅎ 낱말 찾기(교사)

ㅎ 쓰기(교사)

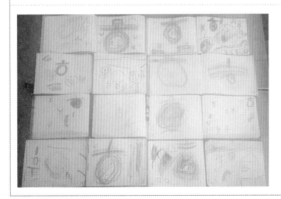

ㅎ 쓰기(학생)

하늘에서 온 글, 한글
―훈민정음의 글자 짓기에 따른 새 한글 지도안

1판 1쇄 발행 2017년 12월 20일
1판 3쇄 발행 2020년 12월 10일

지은이 | 박규현 외
펴낸이 | 박규현
펴낸곳 | 도서출판 수신제
유통판매 | 황금사자(전화 070-7530-8222)
출판등록 | 2015년 1월 9일 제2015-000013호
주소 | 서울시 서초구 우면동 형촌8길 7
전화 | 02-577-0890
팩스 | 0504-064-0890
이메일 | pgyuhyun@gmail.com
ISBN | 979-11-954653-3-0 03700
정가 | 20,000원